www.ingramcontent.com/pod-product-compliance
Ingram Content Group UK Ltd.
Pitfield, Milton Keynes, MK11 3LW, UK
UKHW061657190726
13853UKWH00008B/2253

سلسلة الأوائل للفتيان

# أولُ من هاجرَ في الإسلامِ
## عثمانُ بنُ عفانَ رَضِيَ اللهُ عَنْهُ

بقلم

محمد ثابت توفيق

مكتبة العبيكان

شركة العبيكان للتعليم،

فهرسة مكتبة الملك فهد الوطنية أثناء النشر

سلسلة الأوائل (٣) عثمان بن عفان رضي الله عنه، -الرياض،

ردمك: ٥-٧٣١-٢٠-٩٩٦٠-٩٧٨

ديوي ١٣, ٨١٨ ١٥٨٨/١٤٤٣

حقوق الطباعة محفوظة للناشر

الطبعة الأولى

نشر وتوزيع العبيكان Obeikan
المملكة العربية السعودية - الرياض
طريق الملك فهد - مقابل برج المملكة
هاتف: ٤٨٠٨٦٥٤ ١١ ٩٦٦+،
فاكس: ٤٨٠٨٠٩٥ ١١ ٩٦٦+ ص.ب: ٦٧٦٢٢
الرياض ١١٥١٧

# الفصل الأول
## حب «قريش» لـ «عثمان»

### أغنية الأمهات:

أحبُّكَ والرحمنَ حبَّ قُريشٍ عثمانَ

أغنيةٌ اشتهرتْ في «مكةَ»، وراحت الأمهاتُ يرددنهَا على مسامعَ أطفالهنَّ الصغارِ، يدللنهمْ بهَا، ويلاعبْنَهم، فهي كلماتٌ بسيطةٌ، سهلةٌ علىَ آذانِ الصغارِ، حلوةُ الحروفِ، سهلةُ النطقِ؛ لذا اعتادَ الأطفالُ الصغارُ أن يطربُوا لسماعهَا، فَمَنْ ذاكَ الذي كانتْ نساءُ قريشٍ تقسمُ بالرحمنِ لأبنائهنَّ على أنهنَّ يحببنهمْ حبَّ قبيلةِ قريشٍ لهُ؟، من ذلكَ الرجلُ الذي اشتهرَ بينَ قريشٍ بحبِّ جميعِ الناسِ له؟، بل وسارَ ذكرهُ «في الطرقات» تتغنى به الأمهاتُ خلف النوافذِ، فيملأ سماع اسمه آذانَ الصغارِ.

### رجلٌ اشتهرَ بالخُلقِ الحسنِ:

إنّه عثمانُ بنُ عفانَ، رجلٌ صدقَ فيه قولُ الرسول ﷺ:

- «خياركمْ في الجاهليةِ خياركُم في الإسلامِ إذا فقهوا».

فالإنسانُ حسنُ الخُلقِ يكونُ كذلكَ حتى قبلَ مجيءِ الإسلامِ، الإنسانُ

الحريصُ علَى فعلِ الخيرِ في الجاهليةِ سيحرصُ عليهِ أكثرَ بعدَ مجيءِ الإسلامِ، لذلكَ علمناَ الرسول ﷺ أن أفضلَ الناسِ قبلَ مجيءِ الإسلامِ همَ أفضلُ الناسِ بعدهُ إنْ آمنوا، كذلكَ كانَ «عثمانُ»، نعمْ، فلقدْ عُرِفَ بين الناسِ، واشتهرَ ذكرهُ على أنَّه كان «عذبِ الروحِ» يحبهُ الناسُ، ويأنَسُونَ إليهِ، ويتمنَّوْن أن لو يسمحُ الوقتُ لهمْ ليُطيلوُا الجلوسَ إليهِ، فهو «حلوُ الشمائلِ» يعجبُ مَنْ يعرفهُ بخصالهِ الحميدة، ويودُّ أن يوثقَ معرفتهَ به، لذلكَ ازدادَ رصيدُ الحبِّ له في قلوبِ جميعِ الذينَ يعرفونهَ، على ذلك أجمعَ كلُّ مَنْ وصفُوه[١] .

## وجمال الشكل أيضاً:

وأنعمَ اللّه على «عثمانَ» إضافةً إلى حسنِ الخُلقِ الشكلَ الجميلَ الوسيمَ، فهو «رَبْعةٌ» أي وسطٌ، فلا يعدُّ طويلاً، ولايمكنُ أن يقالَ عنه إنه قصيرٌ، وكانَ متوسطَ الطولِ، جميلَ الوجهِ، رقيقَ البشرةِ، وزادتْ من جمالِ وجهه لحيتُه الكبيرةُ التي أضفتْ عليه الهيبةَ، وكان عثمانُ أسمرَ اللونِ، أما عن شعرِ رأسهِ فقد انسابَ حتى أسفلِ أذنيه، أما منتصفُ رأسهِ فقدْ أصابهَ الصلعُ، ولم يقللْ من جمالِ وجههِ بعضُ آثارٍ خلفها مرضُ الجدريّ عليه وكان «عثمانُ» كذلك عريضَ الكتفينِ، واضحَ القوَّة، بذلك يكونُ اللّه قد جمعَ له بين جمالَ الجوهر وجمال المظهر[٢] .

١- مروج الذهب - المسعودي- تحقيق محمد محي الدين عبدالحميد- دار الكتاب اللبناني -ط١٨٦هـ. ص٥٤٣.

٢- ذو النورين عثمان بن عفان -محمد رضا- دار الكتب اللبنانية-ص١٤.

## نَسَبُه:

ماذا لو اجتمعَ له إلى جانبِ جمالِ المظهرِ وحسنِ الأخلاقِ النسبُ العاليِ الرفيعُ أيضاً؟ إذنْ لكانَ جديراً باحترامِ الناسِ له إلى جانبِ حبهمْ، وكان «عثمانُ» مَمَنْ أنعمَ اللَّهُ عليهمْ وأكرمهمْ بفضلهِ وأكثر من العطاء لهم، وكان «عثمانُ» ينتَمِي في نسبهِ إلى قبيلةِ قريشٍ، وبالتحديدِ من «بني أميةَ» وإذا ما تتبعنَا أسماءَ أجدادهِ سنجدُ أنه يجتمعُ مع النبيِّ الكريم في أن كليهمَا من أبناءِ «عبدمنافٍ»، وعلى هذا فعثمانُ من أحسنِ أهلِ مكةَ خَلقاً «في جمالِ المظهرِ» و«خُلقاً» «في طهارة النفس»، وهو من أشرافِهَا في النسبِ، فيا لهَ من رجلٍ يفخرُ بأن يجلسَ إليه جميعُ الناس، ويحبُّه مَنْ يراه للمرةِ الأولَى، بل تتحدثُ عنه، وتنشدُ فيه الأشعارَ قريشٌ كلُّها!.

فهو «عثمانُ بنُ عفانَ بن أبي العاصِ بن أميةَ بن عبدِشمس بن عبدمنافٍ»، أما أمُّه فهي لا تقلُّ في نسبِها شرفاً عن أبيه، وذلك لأمرٍ بسيطٍ جداً؛ فهي تلتقِي مع أبيه في النسبِ، فاسمُها «أروَى ابنةُ كريزٍ بنِ جابرِ بنِ حبيبِ بن عبدشمس بن عبدمنافٍ»[1] ولقد اجتمعَ له شرفُ النسبِ من الناحيتينِ: ناحيةِ الأبِ، وناحيةِ الأمِ، فيا له من رَجُلٍ جمعَ اللَّه له ما لمْ يجمعْ لكثيرينَ غيره!.

---

١- مروج الذهب - المسعودي- ص٥٤٣.

## إسلامه:

كان «عثمانُ» من أوائلِ الداخلينَ في الإسلامِ، ومن السابقينَ إلى الإيمانِ باللَّهِ ورسولِه، وقدْ أسلمَ بدعوةِ أبي بكرٍ الصديق له، فكانَ أولَ المستجيبينَ لكلماتِه، كمَا يُعدُّ أحدُ الرواةِ الثقات[1] وكان عمرُه في ذلكَ الوقتِ قد زادَ عن الثلاثينَ، قابلَه «أبو بكرٍ» فقالَ له:

– «ويحكَ يا عثمانُ واللَّهِ إنَّكَ لرجلٌ حازمٌ ما يخفى عليكَ الحقُّ من الباطلِ، هذه الأوثانُ التي يعبدُها قومكَ. أليستْ حجارةً صماءَ لا تسمعُ ولا تبصرُ، ولا تضرُ ولا تنفعُ؟». إنه ليدعُوه إلى الإسلامِ بـ«الموعظةِ الحسنةِ» عارضاً عليه الأمرَ فهذه الحجارةُ لا تسمعُ ولا تبصرُ فليسَ لها من القدرةِ شيءٌ وهي لن تضرَّ، ولا تستطيعُ أن تنفعَ، ويدعو «أبو بكر» صاحبَه فيبدأه «بالحكمَةِ» يمتدحُ عقلَه وقدرتهُ على التمييزِ بينَ الحقِ والباطلِ، والقدرةِ على اتخاذِ القرارِ الحاسمِ، ويتركُ في النهايَةِ له الإجابةَ، والقولَ بنفسِه، إنها «القدوةُ الحسنَة» و«المثالُ الصالحُ» في الدعوةِ نتعلمهُ من «الصديقِ»، وما كانَ من «عثمانَ» إلا أن أجابَ:

– «بلَى واللَّهِ إنَّها كذلك».

و«عثمانُ» العاقلُ، صاحبُ الرأيِ، يجيبُ على الفورِ، يعترفُ مقسماً، مؤكِّداً أن «الأصنامَ» كما وصفهَا «أبو بكرٍ»، إنه حُسْنُ الاختيارِ، حُسنُ

---

١– السيرة النبوية – ابن هشام – مكتبة شقرون –حـ١–ص٢٣٢.

اختيارِ الداعيةِ للإنسانِ الذي يدعُوه، حتى تجدَ دعوتهُ قبولاً لديهِ، حتى إذا أجابهُ «عثمانُ» الإجابةَ المناسبةَ، أكملَ الداعيةُ العظيم «أبو بكر» كلماتِه:

– هذا محمدُ بنُ عبداللّه قد بعثَه اللّه برسالتهِ إلى جميعِ خلقهِ، فهلْ لكَ أن تأتيهُ وتسمعَ منه».

لقد وضَّحَ «أبو بكر» فسادَ عبادةَ الأصنامِ، ولقد اتفقَ رأيُ «عثمانَ» معَه فكانَ لا بد من أن يأتي له بالبديلِ الصحيحِ، وهو دعوتُه إلى الاستماعِ إلى مايقولُه الرسول ﷺ، فاستجابَ «عثمانُ» على الفورِ قائلاً:

– «نعمْ»[1].

وأرادَ اللّهُ لـ «عثمانَ» الهدايةَ، فما كانَ أسرع مرور رسُول اللّهِ ومعه «عليُّ بنُ أبي طالبٍ، فلمَا رأى «أبو بكر» «الرسُول» قامَ إليه، وهمسَ في أذنِه بكلماتٍ، فجاءَ الرسُول، وقعدَ ثم أقبلَ على «عثمانَ» فقالَ له:

– «يا عثمانُ! أجبِ اللّه إلى جنتهِ فإني رسُول اللّه إليكَ وإلى خلقهِ».

لقد قدرَ اللّهُ الخيرَ كلَّ الخيرِ لـ«عثمانَ» إذ مرَّ الرسُول بعدَ دعوَة أبي بكر له، أخبرَه «أبو بكر» بالأمرِ فدَعا ﷺ «عثمانَ» إلى الإسلامِ، فبماذَا شعرَ «عثمانُ» في تلكَ اللحظاتِ الجميلةِ، والرسول يحدثُه ويرجُو له الفوزَ؟ يقولُ «عثمانُ»:

١– ذو النورين – محمد رضا– ص١٥.

- «فواللَّهِ ما تمالكتُ حينَ سمعتُ أنْ أسلمتُ وشهدتُ أن لا إله إلا اللَّه وحده لا شريكَ له وأن محمداً عبدُه ورسولُه».

إنها النفسُ النقيةُ ما تكاد تصغي إلى «صوتِ الحقِ» يناديها حتى تستجيبَ له على الفور، يقسم «عثمانُ» أنه ما تمالكَ نفسَه حينمَا استمعَ إلى كلماتِ الرسولِ، وشهدَ الشهادتينِ معلناً إيمانَه بـ«اللَّه» وتصديقه لجميعِ ماجاءَ به الرسُول[١].

## «عثمانُ» يُعذبُ كيْ يتركَ دينَه:

إنها عادةُ «أهلِ الباطلِ» حينمَا يعجزونَ، إنها عادةُ «مشركي مكةَ» يتبعونَها تجاهَ كلِّ مَنْ يهتدي إلى الطريقِ الصحيحِ، ولمْ يرحمُوا حتى «عثمانَ» ذلك الذي روينَا منذُ قليلٍ عن مقدارِ حبهم له، واستمتاعِهِم بالجلوسِ إليهِ، والنظرِ إلى جمالهِ، بل التغنيِّ به، كلُّ هذا ينقلبُ إلى عداوةٍ شديدةٍ له عندمَا يدخلُ في «الإسلامِ» لأنهُ سلاحُ العاجزِ لا يجدُ غيرَه، حينمَا يحسُّ أن الذي أمامَه على الحقِّ ولنْ يتركَه قط، يلجؤونَ إلى العنفِ .. وهل يفيدهم ذلك؟.

أما عن الذي فعلُوه بعثمانَ، فلقد كانَ غريباً، إذ إن عمَّه وهوَ الذي كانَ من المقربينَ إليه، ومنَ المدافعينَ عنهُ في الجاهليةِ وقبلَ إسلامهِ، أمَا وقدْ آمنَ فلقدْ أخذه، ثم قيَّدَه وقالَ له:

---

١- ذو النورين - عباس محمود العقاد -دار العروبة - ص٦٥.

- «أترغبُ عن ملةِ آبائكَ إلى دينٍ مُحْدَثٍ ! واللَّهِ لا أُخَلِّيكَ أبداً حتى تدعَ ما أنتَ عليه من هذا الدينِ».

إنه يقْسُو عليه في القولِ لأنهُ أسلمَ، فقد غره كفره وأخذته العزة بالإثم، وزين له الشيطانُ الباطل وزيَّفَ له الحقائقَ، ويقْسمُ هذا الكافرُ أنه لنْ يتركَ «عثمانَ» لن يفكَّ قيدهُ حتى يتركَ الإسلامَ. وهذا شأنُ المشركينَ والمبتدعَة طولَ الزمانِ.

## إيمانٌ وثباتٌ:

أمَّا «عثمانُ» الذي ذاقَ لذةَ الإيمانِ، وحلاوةَ الإسلامِ فلقد كانَ قلبُه ساكناً مطمئنًّا رغمَ ما هو فيهِ من تقييدٍ، رغمَ تهديدِ عمِّه، وقسوتهِ عليه، وكيفَ لا يكونُ قلبُه ساكناً مطمئناً وهو متصلٌ بـ«كلماتِ اللَّهِ» بآي الذكرِ الحكيمِ إنهُ في هذا الموقفِ الصعبِ يجيبُ في ثقةٍ:

- «واللَّهِ لا أدعَهُ أبداً»[1].

يقسمُ عثمانُ باللَّهِ وهو صادقُ العزمِ أنهُ لن يتركَ دينَه أبداً.

أمامَ هذهِ العزيمةِ الصادقةِ، والإرادةِ القويةِ لم يجدْ عمُّه إلاَّ أن يتركهُ حينمَا علمَ أن الإيمانَ الذي ملأ قلبَه باقٍ لأنه عن قناعةٍ ويقينٍ، وإنه مهمَا فعلَ فلنْ يغيرَ من يقينِ صاحبِه، هنَا أعلنَ فشلهُ وانسحبَ، ليتركَ «عثمانَ»

1- ذو النورين - عثمان بن عفان- محمد رضا- ص١٧.

المؤمنَ القويَّ يواصلُ مسيرتهُ ضمنَ صحابةِ الرسول ﷺ، مسيرةَ نصرةِ «الإِسلامِ» والعمَل بأوامرِ «اللَّه» والابتعادِ عن نواهيهِ، ودعوةِ الناسِ إلى الدخُولِ فيه، ولكنْ هلْ يتركهُم المشركُون وما أرادوا منَ الخيرِ؟.

# الفصلُ الثاني
# زواجٌ مباركٌ

## زواج ابنتي رسولِ اللَّه:

قبلَ بعثتِه -صلى اللَّه عليه وسلم- كانَ قد زوّج ابنتَه «رُقيَّة» بنتَ السيدةِ خديجةَ لعتبةَ بن أبي لهَب، وكذلكَ زوّج أختَها «أم كلثوم» عتيبة أخاه فلما بُعثَ الرسُول، كانت ابنتاهُ مازالتا لم تزفا بعدُ، واشتدَّ «أبو لهبٍ» وزوجُه «أم جميلٍ بنتُ حربِ بنِ أمية» في تعذيبِ الرسول ﷺ حتى أن «أمَّ جميلٍ» كانتْ تحملُ الحطبَ وتضعهُ في طريقِ الرسولِ حتى يؤذيَه، وراحَ زوجُها «أبو لهبٍ» يزيدُ من أذى الرسولِ وصحابتِه فأنزلَ اللَّهُ تعالى سورةَ المسدِ وفيها يذكرُ حكايتهُما مع الرسول ﷺ فيقولُ:

**﴿ تَبَّتْ يَدَا أَبِي لَهَبٍ وَتَبَّ ۝١ مَا أَغْنَىٰ عَنْهُ مَالُهُ وَمَا كَسَبَ ۝٢ سَيَصْلَىٰ نَارًا ذَاتَ لَهَبٍ ۝٣ وَامْرَأَتُهُ حَمَّالَةَ الْحَطَبِ ۝٤ فِي جِيدِهَا حَبْلٌ مِّن مَّسَدٍ ﴾** .

إنّ اللَّه يبشرُ أبا لهبٍ بما أعدَّه له من عذابٍ، ولن ينفعَه ساعتهَا مالهُ وما حصلَ عليهِ في الدنيَا حينَ يذيقَه اللَّه النارَ الشديدةَ، وكذلك يُعْلِمُ -عز وجل- أمَّ جميلٍ زوجَ أبي لهبٍ بما أعدَّه لها من عذابٍ نظيرَ الحطبِ الذي كانتْ كثيراً ما تحملُه وتضعُه في طريقِ الرسولِ لتؤذيه به، فإن اللَّه قد جهَّزَ لها حبْلاً من ليفٍ يوضعُ في رقبتهَا ليعذبهَا به عذَاباً أبدياً .

لما سمعَ «أبو لهبٍ» و«أمُّ جميلٍ» آياتِ الذكرِ الحكيمِ التي ذكرتهمَا قالاَ لابنيهمَا:

- «فارقَا ابنتيْ محمدٍ».

إِنهمَا يأمرانهمَا بأن يتركا بنتيْ الرسول ﷺ، وبالفعلِ طلَّقَ «عتبةُ» و«عتيبةُ» «رقيَّةَ» و«أم كُلثوم».

ظنَّ «أبو لهبٍ» و«أم جميلٍ» أنهمَا يغيظانِ الرسولَ بهذا الفعلِ، ولم يعلَمَا أن اللَّهَ قد قدَّرَ ذلكَ كرامةً للرسول ﷺ كيْ لا تكونَ ابنتاهُ زوجتينِ لرجلينِ من المشركينَ[1].

## زواجُ «عثمانَ» من ابنةِ الرسول:

كان تطليقُ ابنيْ أبي لهبٍ لابنتيْ الرسُول تقليلاً، من شأنِ «عتبةَ» و«عتيبة» وخيراً كلَّ الخير لـ«رقيَّةَ» و«أمِّ كلثوم» فلقد تزوجَ «عثمانُ» من السيدةِ «رقيَّةَ» فلما توفيت تزوجَ بعدها أمَّ كلثوم.

## الرسُول يتألمُ لما يعانيه أصحابه:

رأى الرسول ﷺ ما يصيب صحابتَه من الأذَى على أيدِي المشركينَ وعلم ضعفهُم، وعدمَ قدرتهمْ على الدفاعِ عن أنفسهمْ فتألمَ الرسُول لما يعانونَه وقالَ لهمْ:

---

١- ذو النورين - عثمان بن عفان - محمد رضا- ص١٢.

- «لو خرجتمْ إلى أرضِ الحبشةِ، فإنَّ فيهَا ملكاً لايظلمُ أحدٌ عندَه، حتى يجعلَ اللّه لكمْ فرجاً ومخرَجاً مما أنتمْ فيه»[1] .

الرسول ﷺ يشيرُ على صحابتهِ من المستضعفينَ بالخروجِ من أرضِ مكةَ والذهابِ إلى الحبشةِ؛ لأنَّ فيها ملكاً صالحاً لايقبلُ أن يظلمَ أحدٌ عنده وهمْ بذلكَ سوفَ يبتعدونَ عن تعذيبِ قريشٍ لهمْ، وسوفَ يعيشونَ في أمانٍ، حتى يقضيَ اللّهُ أمراً، ويخففَ عنهمْ عذابَ المشركينَ.

وكانتْ أولُ هجرةٍ في الإسلامِ، إذ خرجَ عشرةُ رجالٍ، وقيلَ أحدَ عشرَ رجلاً فارينَ بدينهمْ من تعنُّتِ المشركينَ وإيذائهم لهمْ.

---

١- الكامل في التاريخ - ابن الأثير - دار بيروت- ج٢-ص٧٦ .

# الفصل الثالث
# أول مهاجر إلى اللَّه

## خروج عثمان:

وكانَ أولُ المهاجرينَ إلى الحبشةِ «عثمانَ» وزوجته «رقيَّةَ» بنتَ رسولِ اللَّه، وسارَ مع أصحابه حتى وصلوا إلى مكانٍ اسمُه «الشُّعيبة» وفيهمْ من يركبُ، وفيهم مَنْ يمشِي على قدميهِ، ووفقَ اللَّهُ المسلمينَ في هذا المكانِ المطلِّ على «بحرِ القلزم» - البحر الأحمر حالياً-، فجاءتْ سفينتانِ لتجارٍ حملوهمْ فيها إلى أرضِ الحبشة بنصفِ دينارٍ[1] .

## بحثُ المشركينَ:

فلما عرفتْ قريشٌ الخبرَ أسرعتْ تبحثُ عن عثمانَ وبقيةِ المسلمينَ وبالفعلِ وصلوا إلى البحرِ ولكنْ بعدَ فواتِ الأوانِ، إذ كانَ «المسلمُون» قد ركبوُا السفينة، وسارتْ بهمْ، فلمْ يدركوا أحداً منهمْ[2] .

## حديثُ «أنسٍ»:

يروي «أنسُ بن مالك» هذا الحدث فيقول:

- «أولُ مَنْ هاجرَ إلى الحبشةِ عثمانُ، وخرجتْ معَهُ ابنةُ رسولِ اللَّه،

---

١- تاريخ الطبري - تحقيق محمد أبو الفضل إبراهيم - دار المعارف - ج٢- ص٣٢٩ .

٢- المرجع السابق.

فأبطأَ على رسولِ اللَّهِ خبرهمَا، فجعلَ يتوكفُ - أي يحاولُ معرفةَ الخبرَ - فقدمتْ امرأةٌ من قريشٍ من أرضِ الحبشةِ فسألهَا فقالتْ: - «رأيتُها».

فقالَ الرسُول لهَا:

- «علَى أيِّ حالٍ رأيتهَا؟».

قالتْ:

- «رأيتُه وهو يحملُها على حمارٍ من هذِه الدوابِ وهو يسوقُ بهَا».

فقال الرسول ﷺ:

- «صحبهُمَا اللَّهُ. إنْ كانَ عثمانُ لأولَ مَنْ هاجرَ إلى اللَّهِ بعدَ لوطٍ وزوجتهِ»[1].

إنَّه الرسول ﷺ، وهو مستجابُ الدعاءِ، يدعُو ربّه أن يحفَظَ «عثمَانَ» والسيدَةَ «رقيَّةَ» من كُلِّ مكروهٍ وسوءٍ، ثم يذكُر «عثمانَ» بالخيرِ الكثيرِ، إذْ إنه أول مهاجر في سبيل اللَّه، يخرجُ تاركاً ديارهُ، وقومهُ، وكلَّ ما لِه في سبيلِ دينهِ، إنه أولُ مهاجرٍ بعد نبيِّ اللَّه «لوطٍ»، ويا لها من منزلَةٍ عاليةٍ اختارُه اللَّهُ لهَا، وصبرَ عثمان لأجلِها مطيعاً أمرَ ربِّه، فاستحقَّ بها رضاهُ.

1- عثمان ذو النورين -محمد رضا- ص١٢.

## بدايةُ هجرةِ المسلمينَ إلىَ الحبشةِ:

وسارَ المسلمونَ المهاجرونَ إلى ربهمْ يتقدمهمْ « عثمانُ » وإلى جوارِه زوجُه بنتُ الرسول ﷺ السيدةُ « رقية » حتى وصلُوا إلى « الشُّعيبَة » وهي ميناءٌ يركبُ منهُ الذي يريدُ السفرَ بحْراً، فلمْ يتمهَّلوا، ولقدْ كانَ فيهمْ الراكبُ، والماشِي الذي تعبَ من المسيرِ، ولكنْ لا وقتَ للراحةِ فإنَّ قريشاً قد خرجتْ خلفهمْ تبحثُ عنهمْ، وهي إن وصلتْ إليهمْ فلنْ تتركهُم، إذن لا بدَّ من الإسراع . .

## توفيقٌ من اللَّه:

ولأنَّ اللَّهَ كانَ قد قدَّرَ للمسلمينَ التوفيقَ، فلقدْ أحاطهُمْ بعنايتهِ وحرسهمْ من أذى المشركينَ، لأنهمْ صدَقوه النيةَ، وأحسنُوا التوكلَ عليه وكانَ من فضلهِ عليهم أن هيأ ساعةَ وصولهمْ إلى « الشُّعيبةَ » الميناءِ الذي سيركبونَ منهُ سفينتينِ مسافرتينِ، فلمْ ينتظروا، وبعدما ركبوا في أمانٍ، وصلت قريشٌ إلى المكانِ، لقد كانَ رجالهمْ يسرعونَ، يريدونَ الوصولَ إليهمْ، لكي يمنعوهمْ من إتمام الهجرةِ، ولكنَّ اللَّهَ غالبٌ على أمرهِ؛ لقد وصلوا بعدمَا تحركتِ السفينةُ في البحرِ، وصارَ المسلمونَ بعيدينَ عن متناولِ أيديهمْ، فوقفوا لا يدرونَ ماذا يفعلونَ، وقد امتلأتْ قلوبهمْ ندماً وحسرةً وغيْظاً.

## في الحَبَشَةِ:

وتحركتِ السفينةُ في «البحرِ الأحمرِ»، وأصبح المسلمونَ في مأمنٍ، ارتاحُوا من شرِّ المشركينَ للمرة الأولىَ منذُ أسلمُوا، وعلموا أن رحمةَ اللَّهِ قد تداركتهُم فحمدوهُ، وتمنوا منه أن يُتمَّ فضله عليهمْ بوصولهمْ سالمينَ إلى الحبشةِ، وأتمَّ اللَّهُ لهم نصرَه، فوصلتِ السفينةَ، ونزلوا منهَا، فأحسنَ «النجاشيُّ» إليهمْ، بأن تركهمْ يعبدونَ اللَّه في طمأنينةٍ، فأحسَّوا بالاستقرارِ الذي افتقدوُه لخمسِ سنواتٍ مضتْ، وأصبحَ في استطاعتهمْ العيش دونما قلقٍ أو خوفٍ من عذابٍ، ولم يُسْمِعْهُم أحدٌ كلمةً تؤذيهمْ[1].

وحاولَ المشركونَ استردادَ المهاجرينَ وطلبهم من «النجاشيِّ» ولكنَّ اللَّه خيبَ سعيهمْ.

## مولدٌ مباركٌ:

استقرَّ «عثمانُ» وزوجُه في الحبشةِ فترةً قليلةً، لكنها كانتْ بعيدةً عن أذَى المشركينَ، مطمئنينَ يتابعونَ أخبارَ المسلمينَ في «مكةَ» وفي هذهِ المدةِ وضعت السيدةُ «رقيَّةُ» مولوداً مباركاً فأسماهُ «عبدَاللَّه»[2].

---

١- تاريخ الطبري -جـ٢-ص٣٢٩.

٢- عثمان - ذو النورين - محمد رضا - ص١٤.

## عودةُ «عثمانَ» إلى «مكةَ»:

وسمعَ الصحابةُ في الحبشةِ أن «أهلَ مكةَ» قد دخلُوا في الإِسلامِ جميعاً فقررُوا العودةَ إِليهَا، وركبوا بالفعلِ سفينةً حملتهُم إِليهَا، حتَّى إِذا اقتربُوا منهَا، وصلَ إِليهمْ أن هذَا الخبرَ باطلٌ، فمازالَ «أهلُ مكةَ» على كفرهمْ وعنادهمْ، ومازالُوا حريصينَ على أذى المسلمينَ، فلمْ يستطعْ أحدٌ منهمْ أن يدخلها إِلا في حمايةِ واحدٍ من كبرائها، أو سراً حتى لا يعرفهُ واحدٌ من المشركينَ، وكانَ مَمَّنْ وصلوا إِلى مكةَ «عثمانُ» وقرر ألا يعودَ ثانيةً إِلى «الحبشةِ» وأن يقيمَ معَ الرسول ﷺ، فلقد كانت نفسُه ممتلئةً بالشوقِ إِليه.

## فِي مكةَ:

استمرَّ «عثمانُ» في مكةَ على دينِهِ، ومواصلةِ الدعوَةِ إِلى اللَّهِ بالقولِ الحسَنِ، والعملِ الصالحِ صابراً محتسباً ما يلاقيهِ من أذى، وقد اعتادَ المسلمونَ أن ينادُوه باسمِ ابنهِ، فُعرِفَ بكنيتهِ «أبو عبدِاللَّه»، وقد كانَ «عثمانُ» محباً لابنهِ، يراهُ يكبرُ وينمُو أمامَه، فتزدادُ محبتهُ له، فكان قرة عين له وقد تعلق به عثمان كثيراً وكان ذلك مصداقاً لقوله تعالى: ﴿ **الْمَالُ وَالْبَنُونَ زِينَةُ الْحَيَاةِ الدُّنْيَا** ﴾، وبلغ ابنُه ستَّ سنواتٍ فمرضَ مرضاً مفاجئاً، إِذْ إِنَّ ديكاً أصابَ إِحدَى عينيهِ، فورمَ وجههُ، وتوفاهُ اللَّهُ تعالى.

حزنَ «عثمانُ» لمفارقةِ ابنهِ، ولكنَّ حزنهُ لم يجعلهُ يقولُ ما يغضبُ ربَّه بل إنَّه قد ودعَه بالدعاءِ الصالحِ لَه بأنْ يدْخله اللَّه جنَّتَه، وأن يجعَلَ صبَرَهُ على فقدِه لولدِه ذخْراً في ميزانِ حسناتِه، وبنفسٍ حزينةٍ لكنْ مطمئنةٍ راضيةٍ بقضاءِ اللَّهِ، صلَّى الرسول ﷺ على الفقيدِ الصغيرِ صلاةَ الجنازةَ، ونزلَ «عثمانُ» مع ابنهِ إلى القبرِ، فأودعهُ هناكَ وصعدَ، كيفَ يتحملُ أبٌ مثلَ هذا الأمْرِ؟ نعمْ لقدْ تحملَه «عثمانُ»، ذلكَ لأنهُ المؤمنُ، المطيعُ لربِّه، الصابرُ على كلِّ ما يصيبهُ.

# الفصلُ الرابعُ
# ذوُ النوريـنِ

## هجرتُه إلى المدينةِ:

قضى رسول الله ﷺ ثلاثةَ عشرَ عاماً في «مكةَ» داعياً إلى الله متحمِّلاً في سبيلِه الأذى، هو ومَنْ معه من المسلمين، حتى خففَ اللّه عنهمْ جميعاً، فأذنَ لهمْ بالهجْرة إلى «المدينةِ المنورةِ» بعدَمَا تقبلَ «الأوسُ» و«الخزرجُ» - وهُمَا القبيلتانِ اللتانِ كانتَا تقيمانِ بيثربَ -اسم المدينةِ المنورةِ قبلَ هجرةِ الرسولِ إليهَا- وكانا قد تقبلا دعوةَ الرسولِ بعدما حببَ اللّهُ إليهمُ الإيمانَ، وكانَ ذلكَ حينمَا دعاهمْ الرسول ﷺ إلى الإيمانِ في بيعتيْ العقبةِ الأولى، والثانيةِ، ومهدَ هؤلاءِ المؤمنونَ للإسلامِ في «يثربَ» حتى هاجرَ إليهَا الرسُولُ وقبْله وفودُ الصحابة، وكانَ بينَ المهاجرينَ «عثمانُ». وازدانت المدينة وتَنَوَّرت بهجرةِ «الرسول ﷺ» إليهَا فصارت المدينة المنورَة، أخذَ الرسول ﷺ يؤاخي بينَ المهاجرينَ والأنصارِ، فيختارُ لكلِّ واحدٍ من المهاجرينَ أخاً لَه من الأنصارِ، يختارُ له أخاً لم تلدْه أمُّه، ولكنَّها الأخوَّةُ في أسمَى معانيهَا ليستْ أخوةَ النسبِ وإنما هي أخوةُ الدينِ، وهلْ هناكَ شيءٌ أوثقُ من اثنينِ اجتمَعَا على طاعةِ اللّهِ؟.

آخى الرسول ﷺ بين «عثمانَ» وصحابيٍّ جليلٍ هو «أوسُ بنُ ثابت بن المنذر» وهو أحدُ الأنصارِ من قبيلةِ «بني النجارِ»[1] .

## مشكلةٌ في المدينةِ:

كانَ «عثمانُ» واحداً من المسلمينَ الذينَ صبروا على أذَى المشركينَ في مكةَ، وهو الجميلُ المحبوبُ، المنعَّمُ في قومِه، يحبُّه «أهلُ قريشٍ» جميعاً تتغنَّى بحبِّه الأمهاتُ يُدلِّلْن به أطفالَهنَّ، حتى إذا أسلَم «عثمانُ» المحبوبُ المقربُ من الجميعِ، صارَ في نظرهمْ إنساناً آخرَ لأنه اتبعَ الحقَّ.

أما «عثمانُ» فقدْ تنازلَ بكلِّ رضَى عن مكانتِه بينَ «قريشٍ»، وعن مالِه الكثيرِ الوفيرِ الذي كانَ يتيحُ له حياةً مريحةً وعرَّضَ حياته للخطرِ الشديدِ، في هجرتهِ إلى الحبشةِ، فعلَ ذلكَ كلَّه عن طيبِ نفسٍ، لأنهُ اختارَ «اللَّه» ورسولَه، وأحسَّ حينمَا عَمَرَ الإيمانُ قلبَه بالراحةِ التي لمْ يشعرْ بها من قبلُ، كذلكَ كانَ جميعُ الصحابة ولكنَّ عثمانَ منْ بينهم كانَ المميزَ في إنفاقه من مالهِ على الدعوة، وكيفَ لاَ وهو الكريمُ السخيُّ، الذي يعرفُ أن ما عندَ اللَّهِ هو خيرٌ له، وأبقَى في الدارِ الآخرةِ[2] .

---

١- سيرة ابن هشام -مكتبة شقرون-حـ٢-ص١٠٩ .

٢- خلفاء الرسول -خالد محمد خالد-دار الفكر-ص٢٥١ .

وبعدَ هجرةِ الرسول ﷺ إلى المدينةِ واجه المسلمونَ مشكلةً كبيرةً لا حد لهَا، فالمياهُ التي يعتمدُ عليهَا «المسلمونَ» في المجتمعِ الجديدِ الناشئِ لا تكفي ولا تسد حاجتهم.

فالماءُ العذبُ تفيضُ بهِ عينٌ تُدْعَى «بئرُ رومة» هذه البئرُ العذْبَةُ كان يملكُها رجلٌ يهوديٌّ، وهو يبيعُ الماءَ لمنْ أرادَ الشرابَ، ورغبَ الرسول ﷺ لو يجدُ واحداً من أصحابه يشتَري هذهِ البئرَ، حتى يستطيعَ المسلمونَ أن يجدُوا الماءَ الكافِي دونَ أن يضطرُّوا لشرائِه، وفيهِم الفقيرَ الذي لا يستطيعُ شراء الماءِ.

## موقفُ «عثمانَ» من «بئر رومةَ»:

سارعَ عثمانُ لتحقيقِ رغبةِ الرسول ﷺ، مضحِّياً بمالهِ في سبيلِ راحةِ إخوانهِ من المسلمينَ، فقابلَ اليهوديَّ مالكَ البئرِ، وأخذَ يساومهُ، فعرضَ عليه في البدايةِ – أن يشتريهَا كلَّها منهُ، فرفضَ اليهُوديُّ. ذلكَ لأنهُ كانَ ماكِراً خَبيثاً حريصاً على المالِ، فقد قدَّر أن بقاءَ البئرِ في ملكيتهِ سوفَ يجعلُ بينَ يديهِ مالاً كافياً يتجددُ كلَّ يومٍ، كلما أرادَ المسلمونَ أن يشربُوا من المياهِ جاءوا إليهِ فاشتروا منه.

كان ذلكَ اليهوديُّ شديدَ المكرِ حريصاً على مصلحتهِ، كثيرَ الحبِّ للمالِ، ولكنَّ «عثمانَ»، المسلمَ الشديدَ الذكاءِ كانَ أشدَّ منْه حِرصاً، إذْ إنَّه

يعمَلُ على مصلحةِ المسلمينَ جَميعاً وهو على الحقِّ، وذلك اليهوديُّ الجشعُ على الباطلِ، فاحتالَ عليه «عثمانُ» واتفقَ معَه على أن يشتريَ منْه نصفَ البئرِ فقطْ، وأعطاهُ مقابلَ ذلك مبلغاً كبيراً من المالِ سالَ لعابُ اليهوديّ له، إذْ إنهُ أعطاهُ «اثنيْ عشرَ ألفَ درهمٍ»، وقبلِ اليهوديُّ العرضَ، قبله أمامَ المالِ الكثيرِ، الآلافِ الكثيرةِ، وافقَ دون أن يفكرَ، فلقدْ احتالَ «عثمانُ» حتى حصلَ على مايريدُ.

اتفَق مع اليهوديِّ على أن تقسَّم البئرُ بحيث يشربُ «المسلمونَ» يوماً، ثم يأتونَ إليه كيْ يشتروا منْه في اليومِ التالي، وهكَذَا. يومٌ للمسلمينَ ويومٌ لليهودي، صدَّق اليهوديُّ الذي أعماهُ المالُ عن التفكيرِ، صدقَ الحيلةَ وباعَ، وانتظرَ أن يأتيَهُ «المسلمونَ» في يومِه ليشتروا منه، ولكنهمْ لم يفعلوا، ذهبَ يبحثُ، فاكتشفَ أنهمْ يشربونَ ويدخرونَ الماءَ لليومِ التالِي فليسَ لهمْ من حاجة إليهِ في اليوم الخاص باليهودي، ولما عرفَ الحقيقةَ ندمَ، ثم ذهبَ إلى «عثمانَ» يعرضُ عليهِ شراءَ النصفِ الآخرِ فاشتراهُ منه بعدمَا أثبتَ له غباءَه.

## موقفُ «عثمانَ» من توسعَة المسجدِ:

كانَ أولُ أمرٍ فعله «الرسُول» في المدينةِ المنورة، هو قرارهُ بناء مسجدٍ لعظمِ دورِ المسجدِ في الإسلامِ، لذلكَ لمْ يحدد الرسُول المكانَ الذي سيقيمُ فيهِ قبلَ أن يحددَ مكانَ المسجدِ. حيثُ يعبدُ المسلمون ربَّهم؟

وبعدَما استقرَّ «المسلمونَ» في «المدينةِ» صارَ عددهمْ يزدادُ يوماً بعدَ يومٍ وأصبحَ المسجدُ يضيقُ بهمْ، ورغبَ الرسول ﷺ مرةً ثانيةً أن يجدَ واحداً من الصحَابة يشتري قطعَة الأرْض الواقعة خلفَ المسجدِ كيْ يستطيعَ توسعَة المسجدِ، فيؤدي فيهِ «المسلمونَ» الصلاةَ دونَ أن يشعرُوا بضيقِ المكانِ.

ومرةً ثانيةً بعدَ أن حلَّ «عثمانُ» للمسلمينَ مشكلةَ «بئر رومة» يتدخلُ «عثمانُ» منفذاً رغبةَ رسُول اللَّهِ، وملء نفسه شعورٌ بالعزةِ والكرامةِ والفخرِ ويذهبُ إلى أصحابِ قطعةِ الأرضِ فيشتريهَا منهُم بثمنٍ كبيرٍ يقدرُه الرواةُ بخمسةَ عشرَ ألفَ درهمٍ.

وبقي «عثمانُ» إلى جوارِ الرسُول يجودُ بكلِّ ما لديه، فاشتركَ في نصرةِ الرسولِ حتى جاءَتْ «غزوةُ بدرٍ».

## وفاةُ «السيدةُ رقيَّة»:

جرتِ الأحداثُ بسرعةٍ، فلقد علمَ «الرسول ﷺ» بخروجِ «أبي سفيانَ» في قافلةٍ تجاريةٍ لقريشٍ إلى الشَّام، وعرفَ أنهُ في طريقِ العودةِ سوفَ يمرُ بالمدينةِ، لذلكَ خرجَ إليهِ يريدُ أخذَ التجارة مقابلَ ما صادرتهُ «قريش» واستولتْ عليه من مالِ المسلمينِ بعد هجرتهمْ إلى المدينةِ، علمَ «أبو سفيانَ» بالأمر فغيرَ طريقهُ، لكنَّ قريشاً صمَّمتْ على الحربِ، بل وخرجتْ لها، وحينَ أرادَ المسيرَ كانتْ ابنتُه «السيدةُ رقيةُ» زوجُ «عثمانَ» مريضةً، فأذنَ الرسولُ

له بالبقاءِ إلى جوارِها[1]، ومضَى ﷺ للقاءِ قافلةِ أبي سفيانَ، ثمَّ علمَ بعد ذلكَ بأنَّ أبا سفيانَ غيرَ طريقهُ واستنفرَ قريشاً للقتالِ وهيَ قادمةٌ فعلاً فثبتَ الرسُول والمؤمنونَ بما معهمْ من بسيطِ الاستعدادِ للقتالِ.

وبينمَا الرسولُ في «بدرٍ» اشتدَّ المرضُ على السيدةِ رقية، ولما انتهتْ المعركةُ عادَ «زيدُ بنُ حارثةَ» مسرِعاً يبشرُ المسلمينَ بالنصرِ وكانتْ روحهَا الطاهرةُ قد فاضتْ إلى ربهَا. فوصلتْ البشرىَ مع رجوعِ عثمانَ والمسلمينَ من المقبرةِ.

وبعدَ غزوةِ بدرٍ جعل النبيُّ لعثمانَ سهماً من الغنيمة. وكأنهُ اشتركَ في الحربِ بل إنَّ أجرَه في «بدرٍ» كَمَنْ شهدَ بدراً[2].

## ذوُ النورينِ:

وبعدَ وفاةِ «السيدةِ رقية» رأى الرسول ﷺ «عثمانَ» مهموماً لهفانَ فقال له: - «مالي أراكَ مهموماً؟».

إنهُ الرسولُ الرحمةُ المهداةُ من اللَّه يشعرُ بأصحابهِ، ويسألُ عن أحدِهمْ إذا أحسَّ بأن هناكَ أمراً أحزنهُ، يسألُ «عثمانَ» عما به إذْ يراهُ مهمُوماً، فيجيبُ «عثمانُ»:

---

١- عثمان ذو النورين -محمد رضا-ص١٨.
٢- المصدر السابق ص١٩.

- «يا رسولَ اللَّه: وهلْ دخلَ على أحدٍ ما دخلَ عليَّ، ماتَتْ ابنةُ رسُول اللَّهِ التي كانتْ عندي وانقطعَ ظهري، وانقطعَ الصهرُ بيني وبينَك».

يوضحُ «عثمانُ» للرسولِ ما أحزنَه، يخبرهُ بأنهُ لا يرَى أحداً أصيبَ بمثلَ ما أصيبَ به، فلقدْ ماتتْ ابنةُ الرسول ﷺ وتركتْه، ومن ثمَّ فقد انقطعَ النسبُ الذي بينَه وبينَ الرسُول. وهي التي كانتْ إلى جوارهِ نِعْمَ الزوجةُ المعينةُ في أحلكِ المواقفِ، ولقدْ هاجرتْ معَه إلى الحبشةِ، ولما وصلتْ إشاعةُ إسلامِ أهلِ مكةَ عادتْ معهُ إليهَا واكتشفا كذبَ الإشاعةِ رفضت العودةَ إلى «الحبشةِ» مرةً أخرى، وفضلتِ البقاءَ إلى جوارِ زوجِها وأبيها، إن «عثمانَ» حزينٌ لأنَّ عشرَتَه مع السيدةِ «رقيَّةَ» قد انتهتْ وهي سيدة فاضلةٌ، وكيفَ لا تكونُ كذلكَ وهي ابنةُ الرسول ﷺ، ومن ناحيةٍ أخرىَ فإنه حزينٌ لأنَّ النسبَ الذي كانَ يفخرُ به، ويراهُ منزلةً كريمةً أنعمَ اللَّهُ بهَا عليهِ، إذ جعلَه صهرَ رسُولهِ، وهذا النسبُ قد انتهى - في ظنِّه - بموتِ رقيَّةَ.

وبينمَا «الرسُول» و«عثمانُ» يتحدثانِ إذ هبَط جبريلُ الأمينُ -ملك الوحي- على قلبِ سيدنَا محمدٍ فقالَ الرسُول:

- «هذا جبريلُ -عليه السلام- يأمُرُني أن أزوجَك أختَها «أم كلثوم» وعلى مثلِ عشرتِها»[1].

---

١- عثمان ذو النورين - محمد رضا، ص١٢.

لقد هبطَ جبريلُ حاملاً أمراً إلهياً يقضِي بأن يتزوجَ «عثمانُ» الأختَ التاليةَ للسيدةِ رقيَّةَ، «السيدة أم كلثوم»، وذلكَ في نفسِ عامِ وفاةِ زوجِه الأولَى العامَ الثالثَ من الهجرةِ وبذلكَ اجتمَعَ لـ«عثمانَ» ما لمْ يجتمعْ لأحدٍ من قبلُ، إذ إنَّه لم يتزوجْ أحدٌ ابنتينِ من بناتِ رسول الله ﷺ سوىَ عثمانَ، وبذلكَ أُطلقَ عليه لقبُ «ذو النورين» أي زوجُ ابنتينِ من بناتِ الرسول ﷺ وكل منهمَا نورٌ اختصَّ اللَّهُ به «عثمانَ» دونَ أيٍّ من الصحابةِ الكرامِ.

## وفاة السيدةِ أم كلثوم:

وشاءت إرادَةُ اللَّه عز وجل أن تتوفىَّ «السيدةُ أم كلثوم» أيضاً في حياةِ «عثمانَ» فلقدْ فاضتْ روحُها إلى خالقهِا في العامِ التاسعِ من هجرةِ الرسُول، وقابلَ الرسول ﷺ «عثمانَ» بعدها فقالَ له:

- «لو أنَّ لنا ثالثةً لزوجتُها عثمانَ».

إنه يتمنَّى تزويجَ «عثمانَ» من ابنةٍ ثالثةٍ له، ويتمنَّى رغم أنه لمْ يبقَ عنده من بناته من لمْ تتزوج بعدُ، إن قولَ الرسول ﷺ يوفِّي «عثمانَ» حقَّه، فهو يستحقُّ هذهِ المنزلةَ، لذلكَ تمنَّى له الرسُول هذا الخيرَ..

## عثمانُ ذوُ الحياءِ الشديد:

من صفات «عثمانَ» الجميلةِ التي عُرِفَ بها بينَ الناسِ، الحياءُ الشديدُ، فهوَ رجلٌ شديدُ الخجلِ مما يغضبُ اللَّهَ عز وجل فكان شديدَ الخوفِ، يحرصُ على الابتعادِ عن الخطأ، حتى قبلَ إسلامه، كان «عثمانُ» رجلاً معروفاً بالحرصِ على تجنبِ الأمرِ القبيحِ الذي لا ترضَى عنه نفسُه الشريفةُ، وقد رُويَ عنه أنه قال:

- «ما زنيتُ ولا سرقتُ في جاهلية ولا في إسْلام»[1].

إنه ينفِي عن نفسِه ما وقعَ فيه الكثيرونَ من «شبابِ مكةَ»، إنّه يقولُ ويؤكدُ أنه لمْ يرتكبْ فاحشةً تعيبُه، ولم يمد يدَه إلى شيءٍ ليس له، لا في «جاهلية» ولا بعدها، إنه حياءُ «عثمانَ» الشديدُ يمنعُه دائماً من فعلِ لا يرضاهُ، إنه حياءُ «عثمانَ» جعلهُ منذُ الصغرِ لا يمرُّ بما يمرُّ بهِ غيره ويقع فيه ضِعَافُ الإيمانِ من حماقاتٍ وبُعدٍ عن الفعلِ الحسنِ.

## الرسولُ يستحِي من «عُثْمان»:

وهذه الحكايةُ الطريفةُ ترويها لنا السيدةُ عائشةُ، وهي تدلُّ على عظمِ معرفةِ الرسُول بصحابتهِ، وتقديره لـ«عثمانَ»، وأيضاً تدلُّ على مكانةِ «عثمانَ» الكريمةِ لدَى الرسولِ، إنها حكايةٌ تدلُّ على حكمةٍ وتقديرٍ لا حد لهُما من «الرسُول» لـ«عثمانَ»، حكمةٍ استحقها «عثمانُ» وهي أعظمُ

---

١- خلفاء الرسول -خالد محمد خالد- دار الفكر- ص٢٥٧.

شهادةِ تقديرٍ يمكنُ أن ينالَها إنسانٌ في الحياةِ، وكيفَ لاتكونُ كذلك وهي صادرةٌ عن «الرسول ﷺ»؟

فلقد كانَ «الرسُول» عند عائشة وبينما هو مضطجعٌ إذْ بدتْ إحدَى ساقيْه فأرادَ «أبوُ بكر» أن يدخلَ عليه، فاستأذنَ ودخلَ، فحدَّثَه الرسُول، وأجابَه حتى انصرفَ، ثم جاءَ بعدَه «عمرُ بنُ الخطاب» فاستأذنَ في الدخولِ على «الرسول ﷺ» فأذنَ له، وحدَّثَه حتى مضَى، وقدَّرَ اللَّه أن يجيء بعدهمَا «عثمانُ»، فإذا بالرسول ﷺ يستعدُّ، فيجلسُ بعد أن كانَ مضطجِعاً، ويغطِّي بجلبابِه ساقَه، فبقي معَه «عثمانُ» بعضَ الوقتِ ثم استأذنَ وخرجَ.

وبعد ذهابِه لاحظتْ السيدةُ عائشةُ الأمرَ، فسألتِ الرسُول قائلةً:

- «يا رسُولَ اللَّهِ، لمْ أركَ تهيأتَ لأبي بكرٍ ولا لعمرَ كما تهيأتَ لعثمانَ؟».

إنها تتعجبُ، فالرسُول لم يستعد لدخولِ «أبي بكرٍ» عليه، ولا لدخولِ «عمرَ» كما استعدَّ لدخولِ «عثمانَ» فما هو السببُ؟ أجابها الرسُول ﷺ: «إنه رجلٌ حَييٌّ، ولو أذنْتُ له وأنا مضطجعٌ لاستحيَا أن يدخلَ، ولرجَعَ دونَ أن أقْضِي له الحاجَة التي جاءَ من أجلهِا، يا عائشةُ: ألا أسْتَحِي من رجلٍ تستحِي منه الملائكةُ؟»(١).

١- خلفاء الرسول -خالد محمد خالد- ص٢٤٥ -دار الفكر.

كيف لا يستحي الرسول ﷺ ممن تستحي منه الملائكة.

فلو أن عثمان دخل على الرسول وهو مضطجع على الهيئة التي كان عليها ﷺ لاستحيا عثمان أن يدخل. ولم يُصَرّح بما جاء لأجله ولعاد من حيث أتى، ولأن الرسول ﷺ شديد المعرفة بأصحابه، حريص على معاملة كل منهم المعاملة المثلى التي يستحقها.

## علم «عثمان»:

وكذلكَ اتصفَ عثمانُ بـ«العلمِ»، فلقدْ كانَ يعلمُ طريقَةَ أداءِ العباداتِ معرفةً دقيقةً، بل إنه كانَ من أعلم الصحابةِ بذلك[1] .

## قراءتُه القرآن:

كذلكَ كانَ «عثمانُ» دائمَ الصلةِ بربه، كانَ حَريصاً على قراءَة القرآنِ فكانَ يضربُ به المثلُ في حسنِ تلاوتهِ، وكانَ يصليّ بالقرآنِ كلِّه في أسبوعٍ![2] .

لذلكَ كانَ «عبدُاللّه بن عمرَ» يقرأُ قولَ اللّه تعالى:

﴿**أَمَّنْ هُوَ قَانِتٌ آنَاءَ اللَّيْلِ سَاجِدًا وَقَائِمًا يَحْذَرُ الآخِرَةَ وَيَرْجُو رَحْمَةَ رَبِّهِ**﴾ ثم يقول:

١- عثمان ذو النورين -محمد رضا- ص٢٣.

٢- خلفاء الرسول -خالد محمد خالد -ص٢٩١ دار الفكر.

- «إنّه «عثمانُ بنُ عفانَ»[1] .

يحددُ عبداللّه بنُ عمرَ بن الخطاب الرجلَ المقصودَ بالمدحِ في كتابِ الله تعالَى بأنهُ «عثمانُ» ذلكَ الذي يقومُ للّهِ عابِداً يسجدُ ويقومُ الليلَ، خائفاً من عذابِ الآخرةِ، راجِياً رحمةَ اللّهِ، وهي شهادةُ حقٍّ شهدَها صحابيٌّ في حقِّ «عثمانَ» .

إنَّ صفاتِ عثمانَ الحسنةَ أكثرُ من أن تحصَى، وقد ذكرنا منْها جزءاً قليلاً وسنذكرُ ما كانَ يتحلى بهِ من كرمِ أخلاقٍ، وتضحيةٍ بالنفسِ والمالِ في سبيلِ اللّهِ، ويكفي أن نستشهدَ الآن بقولِ الرسول ﷺ :

- «لكلِّ نبيٍّ في الجنةِ رفيقٌ، ورفيقي في الجنَّة عثمانُ» .

ويا لهَا من شهادةٍ عزيزةٍ! ولقد استحقَّ هذهِ المكانةِ بما قدمَه في الإِسلامِ، وبسببِ ما ذكرنَاه في صفحاتٍ ماضيةٍ، وما سنذكره في صفحاتٍ آتية .

---

١- خلفاء الرسول -خالد محمد خالد -ص٢٥٧ دار الفكر.

# الفصل الخامس
# تضحية عظيمة

## الرسولُ يستعدُّ للحجِ:

وفي العامِ السادسِ منَ الهجرة أراد رسولُ الله ﷺ زيارةَ البيتِ الحرامِ، والطوافَ بالكعبةِ، وأداءَ العمرةِ ، فخرجَ بأصحابه مرتدينَ ملابسَ الإحرامِ، إشارةً إلى عزمهمْ أداءَ شعائرَ العمرةِ وعدمَ رغبتهمْ في حربِ المشركينَ، فلمَّا اقتربَ من مكةَ دعَا الرسُول ﷺ «عمرَ بنَ الخطاب» ليرسلَه إلى «مكةَ» كيْ يُبَلِّغَ أشرافَ قريشٍ الهدفَ الذي جعلهُ يخرجُ، فقالَ «عمرُ»:

- «يا رسولَ اللَّه إني أخافُ قريشاً على نفسي وليسَ بمكةَ من بنيِ عديِّ ابن كعبٍ أحدٌ يمنعُني وقد عرفتْ قريشٌ عداوتي إياهَا وغلظتي عليهَا ولكنيِّ أدلكَ على رجلٍ أعزَّ بهَا مني، عثمانَ بن عفانَ»

فدعَا الرسولُ عثمانَ فبعثَه إلى أبي سفيانَ وأشرافِ قريشٍ يخبرهمْ أنه ما جاءَ لحربٍ وإنما جاءَ زائراً للبيتِ ومعظماً له(١). وما كانَ لعمرَ أنْ يخافَ وهوَ الذي يتحدَّى المشركينَ حينَ أسلمَ وحينَ الهجرةِ وفي مجالاتٍ كثيرةٍ، لكنَّه هذه المرة لمْ يخرجْ من بيتهِ مقاتلاً متحدِياً، وإنما خرجَ لأداءِ نسكِ العمرةِ التي لا يجوزُ فيهَا الجدالُ فكيفَ بالقتالِ. فاختارَ غيرهُ لهذهِ المهمةِ السِّلميَّة.

---

١- عثمان ذو النورين - محمد رضا- ص١٩، ص٢٠.

دعا الرسول ﷺ عثمان لمقابلته، وعرض عليه الذهاب إلى «أبي سفيانَ» وبقيةُ «أشرافِ مكةَ»، فقبلَ «عثمانُ» المهمةَ برضىً ورغبةٍ، خرجَ بنفسهِ، ذاهباً إلى مكةَ، مخبراً أهلَها من الكفارِ والمشركينَ الحاقدينَ على الرسُول وأصحابِه أن رسولَ اللَّهِ ما خرجَ لحربهمْ وإنما خرج لأداء العمرة مع أصحابه.

## رسولُ رسول اللَّه:

لقدْ أصبحَ «عثمانُ» الآنَ في مهمةٍ محددةٍ، يجبُ عليه تنفيذهَا، فهو رسُولُ رسُولِ اللَّه إنه مكلفٌ أن يبلغَ المشركينَ «الرسالةَ»، وبالفعلِ خرجَ من «الحديبيةِ»، وسارَ حتى وصلَ إلى «مكةَ»، وهناكَ قابلَ «أبا سفيانَ» وعظماءَ قريشٍ، وبلَّغهُم رسالةَ «الرسول ﷺ»، فاستمعوا إليهِ، حتى إذَا ما انتهى قالُوا له:

- «إن شئتَ أن تطوفَ بالبيتِ فطفْ»[1].

إنهمْ يسألونَه إن كانَ يريدُ الطوافَ حولَ الكعبةِ؛ فإنهم لن يمنعوه من ذلك، وكأنهم أرادوا بذلك وضع جذور فتنة بين عثمان وبين رسول الله، ففطن عثمان وقال على الفورِ:

- «ما كنتُ لأفعلَ حتىَ يطوفَ بهِ رسُول اللَّه -صلى اللَّه عليه وسلم».

إنه «عثمانُ» رسُول «رسُولِ اللَّه» الرجلُ الأمينُ، لا يرضَى أن يطوفَ

١- سيرة ابن هشام - جـ٣- ص٢٠٢- مكتبة شقرون.

بالكعبة – على عَظِم شوقِه لذلكَ – قبلَ أن يطوفَ بها الرسُول، إنها الأمانةُ في أسمَى معانيهَا –ذلكَ هو ردُّ « عثمانَ » .

## المشركُونَ يحبسونَ «عثمانَ»:

كالعادةِ أصرَّ مشركُو مكَة على باطلهِمْ، وغلبهمْ العنادُ، وتحكَّمَ في عقولهِمْ، فلمْ يستطيعوا التفكيرَ، ولم يستجيبوا لكلماتِ الرسُول الواضحَة التي وصَّلها « عثمانُ » إليهِمْ ، ووصلَ بهِم الطيشُ إلى أن قرروا حبسَ « عثمانَ » وعدم السماحِ له بالعودةِ، ولمْ يكنْ من عادةِ العربِ الإساءةَ إلى « الرسُول » المكلَّف بنقلِ رسالةٍ، حتى في حالةِ الحربِ كانَ معلوماً لديهمْ أن « حاملَ الرسالةِ » لا يُضَرُّ ولا يمسَّهُ أحدٌ بأذَى، وإنما هو قدْ أتى برسالةٍ يردُّ عليها برسالةٍ مماثلةٍ، وعارٌ أن يعتديَ أحدٌ عليه. لكنَّ « قريشاً » أشغلتْ عثمانَ بزيارة أقاربهِ والمستضعفينَ من المسلمينَ، وأشاعتْ أنَّ عثمانَ قُتلَ.

## وصولُ الخبرِ إلى «الرسُول ﷺ»:

ووصلَ الخبرُ إلى الرسول ﷺ ، وصحابتِه الكرامِ، أن « عثمانَ » قد استشهدَ، هو والعشرةُ الذينَ ذهبُوا معه، فقالَ « الرسول ﷺ »

– « لا نبرحُ حتى نناجزَ القوم »(١) .

لقد خرجَ الرسُول منذُ البدايةِ زائراً للبيتِ الحرامِ، راغباً في أداء مناسكِ

١– عثمان ذو النورين –محمد رضا– ص١٩ .

العمرةِ، معظماً لحرمةِ الكعبةِ، لكنَّ الخبرَ الذي وصلَه يقولُ إن قريشاً لم تحترمْ أبسطَ المبادئ المعروفةِ وقتلتْ عثمانَ وأصحابهَ، وهم رسلٌ لا يقتلونَ؛ لذلكَ قررَّ «الرسُول» ألاّ يتركَ مكانَه في «الحديبيةِ» حتى يقاتلَ المشركينَ.

## «بيعةُ الرضوانِ»:

واجتمعَ «الرسول ﷺ» مع أصحابهِ الكرامِ على رأيٍ واحدٍ، وهو «الحربَ» إن صحَّ أن «عثمانَ» وبقيةَ الرسلِ قد قتلوا، وعاهدَ الصحابةُ «الرسولَ» على ذلكَ، ومدحهُم اللَّه تعالَى فذكرَ هذا الموقفَ في كتابهِ الكريمِ فقال:

﴿لَقَدْ رَضِيَ اللَّهُ عَنِ الْمُؤْمِنِينَ إِذْ يُبَايِعُونَكَ تَحْتَ الشَّجَرَةِ﴾.

وللمرةِ الثانيةِ، بعدِ «غزوةِ بدرٍ» يفعلُ الرسول ﷺ» بنفسهِ أمْراً نيابةً عن «عثمانَ»، فلقد رمَى بسهمٍ في الحربِ نيابةً عن «عثمانِ» إذْ إنَّه كان إلى جوارِ «السيدةِ رقية» زوجهِ أثناءَ مرضهَا، وفي هذهِ المرةِ وضعَ «الرسول ﷺ» يدهُ اليمنَى على يدهِ اليسرىَ قائلاً:

- «اللهمَّ هذه عنْ «عثمانَ» في حاجتكَ وحاجَة رسولكَ»[١].

وهذا الموقفُ من الرسولِ دليلٌ على أن خبرَ وفاةِ «عثمانَ» لم يكنْ

١-عثمان ذو النورين -محمد رضا- ص١٩.

محققاً لدَى المسلمينَ، ولم يتخلفْ أحدٌ من المسلمينَ عن هذهِ البيعةِ.

ثم وصلَ الخبرُ الصحيحُ إلى رسولِ اللَّه، بأن «قريشاً» لم تقتلْ «الرسلَ» والذي وصلَه عن «عثمانَ» قبلَ ذلكَ باطلٌ، فاطمأنَّ «الرسول ﷺ» وصحابتُه الكرامُ، وانتظرُوا ما ستفعلهُ «قريشٌ»، وقد أرسلتْ بعدَ ذلكَ مَنْ يفاوضُ «الرسُول» على الصلْح ذلكَ اليوم، في ذلك اليومِ الخالد رضيَ اللهُ عنِ المؤمنينَ عندمَا بايعوا «الرسُول» علَى الحربِ، إن كانَ «عثُمان» وأصحابُه الرسُل قد قتلوا، فيا لَه من فداءٍ عظيمٍ، وحبٍّ كبيرٍ جعلَه اللَّهُ في قلوبِ المؤمنينَ ذكرهُ اللَّه في القرآنِ الكريم إذ يقولُ: ﴿**لَوْ أَنفَقْتَ مَا فِي الأَرْضِ جَمِيعًا مَّا أَلَّفْتَ بَيْنَ قُلُوبِهِمْ وَلَكِنَّ اللَّهَ أَلَّفَ بَيْنَهُمْ**﴾.

إن الذي جعلَ المؤمنينَ يفدونَ «عثمانَ» وأصحابَه بأرواحهمْ هو أنَّ قلوبَ الصحابةِ العظامِ قد اجتمعتْ علَى أمرٍ واحدٍ لا فرقةَ معهُ، أمرٍ واحدٍ .. هو نصرة دينُ اللَّهِ عزَّ وجلَّ.

وكان بعدها صلح الحديبية والذي اتفق فيه المسلمون والمشركون على الصلح وفق البنود التالية:

١- وضع الحرب عن الناس عشر سنين.

٢- من أتى محمداً مسلماً من قريش رده عليهم. ومن جاء قريشاً مرتداً لم يردوه.

٣- أن يكف المسلمون عن المشركين، وأن يكف المشركون عن المسلمين.

٤- لا سرقة ولا خيانة.

٥- من أحب أن يدخل في عقد محمد وعهده دخل فيه، ومن أحب أن يدخل في عقد قريش وعهدهم دخل فيه.

٦- أن يرجع النبي في هذا العام فلا يدخل مكة، وفي العام القابل يخرج المشركون منها فيدخلها النبي ﷺ وأصحابه، فيقيم بها ثلاثاً معهم سلاح الراكب والسيوف في القرب لا يدخلونها بغيرها[١].

---

١-سيرة ابن هشام جـ٣ ص٢٧٢ - بتصرف.

# الفصلُ السادسُ
# موقفُ «عثمانَ» يومَ «فتحِ مكةَ»

## نصرٌ عظيمٌ:

لقدْ قدَّر اللهُ تعالى لرسولهِ ﷺ وصحابتهِ العودةَ في العامِ السادسِ الهجريِّ، وعدمِ زيارةِ «مكةَ» وأداءَ مناسكِ العمرة بعدَ «صلحِ الحديبيةِ» كما ذكرنا في الفصلِ الماضِي، وهذا جعَلَ بعضَ الصحابةِ الكرامِ يتأثرُ من ذلك، ويحزنُ؛ ولكنَّ الله - عز وجل - قدرَ الخيرَ للمؤمنينَ، ففِي العامِ السابعِ جاؤوا مكةَ، واعتمروا بكلِّ هناءةٍ وسرورٍ، وفي العام الثامنِ من الهجرةَ، وبعد أقلِّ من عامينِ نصرَ اللَّه دينهُ، ونصرَ رسولَه والمؤمنينَ فتمَّ «فتحُ مكةَ» دونَ إِراقةِ قطرةِ دمٍ، ودخلَها الرسُول منتصِراً دونَ حربٍ وجاءَ بذلكَ نصرُ اللَّه والفتحُ، لذلكَ دخلَ الناسُ في دينِ الله أفواجاً، جماعاتٍ كثيرةً ومرةً ثانيةً يطلبُ الرسُول ﷺ توسعَةَ «المسجدُ الحرام» هذه المرةَ عرضَ «الرسُول» على صحابتهِ البيتَ الملاصقَ للمسجِد كيْ يشتريه أحدُهم وعرضَ «الرسُول» على أصحابِ المنزِل أن يتبرعُوا به في سبيلِ اللَّه فرفضُوا واعتذروا لأنهم لا يملكونَ بيتاً غيرَه، وليسَ لديهمْ من المالِ ما يكفِي لشراءِ غيرهِ.

ولمْ يكنْ ثمة غيرُ واحدٍ، يمكنُ أن يحلَّ المشكلة إنهُ «عثمانُ» الذي تدخَّلَ على الفورِ فمَا كادَ الخبرُ يصلُ إلى مسامعِه حتَّى ذهبَ إلى أصحابِ هذه الدارِ الواسعةِ العريضةِ فاشتَرَاها منهمْ، ودفعَ فيها عشرةَ آلاف دينارٍ..

إنه ليسَ موقفَ الخيرِ الأولِ ولا الأخيرِ لعثمانَ، لكنَّه حبُّ الخيرِ الذي ملأَ اللَّه به نفسَه، يدفعُه دائماً لأنْ ينفِقَ مالَه في سبيلِ اللَّهِ.

## «جيشُ العسرةِ»:

وبعدَ «فتح مكة» بعامٍ، وفي العامِ التاسعِ من هجرَة الرسُول ﷺ جمعَ «الروم» قواتهم وغرَّتْهُم أنفسُهم فقرروا غزْو المسلمينَ في ديارهِمْ، ولما سمعَ الرسُول بذلكَ نادَى في أصحابه بالاستعدادِ للخروجِ، والجهادِ في سبيلِ اللَّه، واستجاب الصحابةُ الذينَ تجمعُوا واستعدوا لهذِه الحرب فكوَّنُوا جيشاً وُصِفَ بـ«جيش العسرةِ»، لأن البلادَ ساعتَها كانتْ تعاني من الجدبِ، وعدمِ وجودِ الثمارِ الكافيةِ، وكذلكَ كانَ الحرُّ شديداً وكانَ الموسمُ صيْفاً، ولكنَّ الصحابةَ أسرعُوا، وخرجوا مجيبينَ نداءَ «الرسُول ﷺ»، وأمامَ هذا الوقتِ العصيبِ، والفقرِ الشديدِ الذي يعانِي منه الصحابةُ الكرامُ، فتحَ الرسُول بابَ التبرعاتِ كي يُجَهِّزَ هذا الجيشُ الضخمُ ولكنَّ التبرعاتِ جميعها لم تكنْ تغني أمامَ كلِّ هذا الجيشِ الكبيرِ.

ووقفَ الرسولُ ﷺ أمامَ صفوفِ الصحابةِ فقال:

- «مَنْ يُجَهِّزُ هؤلاءِ، ويغفرُ اللَّه له؟».

إنه يبشِّرُ الذي يجهِّزُ الجيشَ كلَّه بمغفرةٍ من اللَّهِ، وما كادَ «عثمانُ» يسمعُ نداءَ الرسُول ﷺ، حتَّى أسرعَ فأخرجَ مالَه الذي جادتْ به نفسه عن طيبِ خاطرٍ.

لقد تبرَّع بعشرةِ آلافِ دينارٍ صبَّهَا بين يدَي «الرسُول ﷺ» فأخذَ «الرسُول» يُقَلِّبهُا وهو يقولُ:

- «غفرَ اللَّهُ لكَ يا عثمانُ ما أسررتَ وما أعلنتَ، وما هو كائنٌ إلى يومِ القيامَة».

ويا لَه من دعاءٍ!

إنه الرسُول يدعُو لـ«عثمانَ» بأن يغفرَ اللَّه له ذنوبَه جميعَها، ما خبَّأه منْها، وما أعلَنَه، وما بعدَ ذلك حتى يومِ القيامَة، ما أسعد «عثمانَ» بهذا الدعاءِ، ما أسعَدَه بهذهِ الكلماتِ من فمِ «الرسُول ﷺ» وهو مستجابُ الدعاءِ.

وكذلكَ قدَّم «عثمانُ» لـ«جيشِ العسرَة» تسعمَائة وأربعينَ بعيراً، وستينَ بعيراً أتمَّ بها الألفَ، ويقولُ «عبدالرحمن بنُ عوف»:

- «شهدتُ رسُول اللَّه وقد جاءه عثمانُ بن عفانَ في جيشِ العُسْرة بسبعمَائة أوقيةٍ منَ الذهبِ».

هل قـدَّم «عثمـانُ» ذلكَ فقطْ؟ وذلكَ كثيرٌ، لا.. إنه لم يتركْ شيئاً يحتاجُ إليهِ الجيشُ إلا وقدَّمَه، ومضَى الجيشُ حتى وصلَ إلى مكانٍ يُدعَى «تبوك» فوجدَ «الرسُول» أن جيشَ الرومِ قد انسحبَ لما علمَ بخروجِ «الرسُول ﷺ» لمحاربتهِ، وكفَى اللّه المؤمنينَ القتالَ، لقد نُصرَ النبي ﷺ بالرعبِ مسيرة شهرٍ فحمد «الرسُول» ربَّه أنْ جعَلَ خوفَه في قلوبِ أعدائه كافياً لأن ينسحبُوا قبلَ ملاقاتهِ، ومَنْ هذا العدُّو؟ إنهم الرومُ إحدىَ القوتينِ العظميينِ في ذلكَ الوقتِ.

وهكذا عادَ الجيشُ الإسلاميُّ بكلِّ عُدَّته وعتادِه إلى «المدينة المنورة» وبكلِّ ما أمدَّه بهِ «عثمانُ»، فهلْ استرجَعَ من ذلكَ كلِّه شيئاً؟

هل أخذَ دِرهماً؟ أو بعِيراً؟ أو فرَساً؟

وكيفَ يفعلُ «عثمانُ» ذلكَ؟! لقدْ ضحَّى في سبيلِ اللّهِ ومنَ اللّهِ وحده ينتظر الثوابَ[1].

---

١- خلفاء الرسول -خالد محمد خالد. ص٢٥٣.

# الفصل السابع
# الرسُول يذكُر «عثمانَ» بالخيرِ

## - الرسُول يذكُر عثمانَ في خطبةِ الوداعِ:

«أيُّها الناسُ : إنِّي راضٍ عن عمرَ، وعليٍّ ، وعثمانَ، وطلحةَ بن عبيدِاللَّه، والزبيرِ بن العوام، وسعدِ بنِ مالكٍ، وعبدِالرحمن بن عوف . . . » .

كانتْ هذه هي كلماتُ « الرسُول ﷺ » قبلَ وفاتِه بأيامٍ قليلةٍ وفيهَا يذكرُ عثمانَ بالخيرِ كلّ الخيرِ، معلناً في وجُود الصحابةِ جميعاً رضَاه عنه .

وقبلَ هذا كثيراً ما أثنىَ « الرسُول » على « عثمانَ » ومن الأحاديثِ الواردةِ في فضلهِ :

- « اللهمَّ إنِّي رضيتُ عن عثمانَ فارضَ عنهُ » .

إنه الرسُولُ يدعو ربَّه أن يرضى عن عثمانَ لأن النبيَّ نفسه راضٍ عنه .

وكذلكَ قالَ عنه الرسُول :

- « عثمانُ وَليّي في الدنيَا والآخرةِ » .

والوليُّ هو الصاحبُ الحميمُ المقربُ، والرسُول ﷺ يعلنُ أنَّ « عثمانَ » وليَّهُ في الحياةِ الدنيا وفي الآخرةِ أيضاً، ألم يقلْ فيه الرسُول :

- « عثمانُ رفيقي في الجنَّة » .

نعمْ رفيقُ النبيِّ في الجنَّة لعظِيم صفاتهِ وأفعالهِ، أليسَ هو الذيِ قالَ فيه الرسُول:

- «عثمانُ أحيَا أمتِي وأكرمَها».

انظر إلى هذا الوصفِ الصادرِ عن الذيِ لا ينطقُ عن الهوَى، الذي لا يقولُ إلا حَقاً، إنه يقولُ عن «عثمانَ» إنه أكثرُ أمَّتهِ خوْفاً من اللَّهِ، وأكرمَهُم في الإنفاقِ في سبيلهِ، ليسَ ذلكَ فقطْ؛ بل ويقولُ عنه ﷺ أيضاً:

- «عثمانُ تَستَحي منه الملائكةُ».

ونختمُ هذهِ الطائفةَ من أقوالِ الرسُول ﷺ، بقولهِ عن «عثمانَ»:

«رحمكَ اللَّه يا عثمانُ ما أصبتَ من الدنيَا ولا أصابتْ منكَ»(١).

«الرسُول ﷺ» يصفُ «عثمانَ» وصْفاً موجزاً لكنه جمعَ فأوعَىَ يدعُو الرسُول لعثمانَ بالخيرِ، بأنْ يرحمَه اللَّهُ، لأنهُ عاشَ في الدنيَا غير آبهِ بها وكانَ من أغنيائهِا لكنَّها لم تغيرْ فيه شيئاً، ولم تستطعْ أن تؤثر فيه.

## عليُّ بنُ أبي طالب يثنِي علَى «عثمانَ»:

هذا ما ذكَره «الرسُول ﷺ» عن «عثمانَ» فماذا عنه في القرآنِ الكريمِ، تعالُوا بنا نستمعُ إلى «عليِّ بنِ أبي طالب» وهو يقولُ:

---

١- عثمان ذو النورين -محمد رضا- ص٢٠.

«أنا وطلحَة وعثمانُ والزبيرُ كما قالَ اللّه فينَا:

﴿وَنَزَعْنَا مَا فِي صُدُورِهِم مِّنْ غِلٍّ إِخْوَانًا عَلَىٰ سُرُرٍ مُّتَقَابِلِينَ﴾[1].

هذا وصفُ اللّه لعثمانَ وإخوانِه من الصحَابةِ الأطهارِ، أنهمْ يومَ القيامَة في الجنَّة عندَه، وقد خلَّص عز وجل قلوبهُم من الحقدِ فصاروا إخواناً يهنؤون بنعيمها في الجنَّة.

وها هو «عليٍّ بن أبي طالب» يصف عثمان بقوله:

«كان «عثمانُ» أوصلَنا للرحِمِ وأتقانَا للربِّ».

يقولُ عليٌّ عنه إنه كانَ أكثرَ الصحابةِ صلةً لأهله، وسُؤَالاً عن أقاربهِ ابتغاءَ مرضاةِ اللّهِ، وكذلك كانَ «عثمانُ» أكثرَهم خوفاً من اللّه واستعدَاداً لملاقاتِه بالعملِ الصالحِ.

وقد انعكستْ صفةُ خوفِ اللّهِ هذه على حياةِ «عثمانَ» كلِّها، فهذا الرجلُ الذي رأينَا تاريخَ حياتِه في الجاهليَّة، ومقدار حبِّ «أهل مكة» له قد زادهَ الإسلامُ رقةً ورحمةً، وحبّاً للناسِ، ولنأخذ هذا الموقفَ الجميلَ من مواقفِهِ رضيَ اللّه عنه: ما كانَ بينَ «عثمان» وخادمِهِ:

---

١- سورة «الحجر» الآية ٤٧.

«غَضبَ عثمان ذاتَ يومٍ علَى عبدٍ لَه، فعركَ أذنَه عقَاباً لَه، ولكنْ سَريعاً ما عادتْ نفسُه الرحيمةُ تلومُه، فدعَا غلامَه إليه وقالَ له:

- إني كُنتُ قد عركتُ أذنكَ فاقتصَّ منِّي»[1].

إنهُ يطلبُ من خادمِه أن يشدَّ أذنَه، كما شدَّ هو أذنَه، وذلك لأن «عثمانَ» شديدُ الرحمةِ بالناسِ، عظيمُ الخوفِ من اللَّهِ، يخشَى ربهُ فيأمرُ «الغلامَ» أن يردَّ هذا الفعلَ لهُ في الدنيَا، ويأمرُه بذلكَ، فينصرِف عنه «الغلامُ» خَجلاً منه[2]، لكن «عثمانَ» يأمرُه بحزمٍ ويقول له:

- «اشددْ، يا حبذا قصاصٌ في الدنيا ولا قصاص في الآخرةِ».

فلا يجد الغلام أمامه إلا أن يطيع سيده، إنه الحرصُ منه على رضى اللَّه عز وجل في كل فعلٍ، إنه الحرصُ على لقائه عز وجل بصفحةِ أعمالٍ ناصِعةِ البياضِ، ليسَ فيها إلا ما يسرُّ.

## «عثمان» شديد الخوف من اللَّه:

لقد كان «عثمانُ» شديد الخوفِ من اللّهِ، شديد الحرصِ على إرضائِه

١- عثمان ذو النورين - محمد رضا- ص٣٠.
٢- خلفاء الرسول -خالد محمد خالد -ص٢٦٠.

تراه يتقي الله في كل حركاته وسكناته، وكان يخشى سوء العاقبة لذا ترى «عثمانَ» يقول:

- «لو أنيِّ بين الجنَّةِ والنارِ ولا أدرِي إلى أيتهمَا يؤمرُ بِي لاخترتُ أن أكونَ رماداً قبلَ أن أعلمَ إلى أيتهِما أصيرُ».

فلو أنه في مكانٍ بين الجنَّةِ والنارِ، وهو الذي بشَّره «الرسُول ﷺ» بدخُول الجنةِ فإنَّه سوفَ يختارُ في هذه اللحظةِ أن يكونَ رماداً من شدةِ خوفهِ.

إنهُ الإيمانُ المرهفُ يدفعُ صاحبَهُ إلى فعْلِ الخيرَ دائماً، ومراعاة ربِّه في كل أفعالهِ، ثمَّ هوَ بعدَ ذلكَ في خوفٍ دائمٍ، يحملُ نفْساً تحدِّثُه بالخوفِ، لكنَّهُ خوفُ الذِي أعدَّ العدةَ، خوفُ المؤمن الذي يمثِّلُ الدافعَ إلى المزيدِ من الخيرِ.

# الفصل الثامن

# عثمانُ بعدَ وفاةِ الرسُول

وفاضَتْ روحُ الرسُول ﷺ إلى خالقِها، وتُوفيِ الرسُول ﷺ فحزنَ عليه عثمان حزناً شدِيداً، وبكَى دمْعاً غزِيراً. وقد كانت منه مواقف عظيمة -رضي الله عنه- بعد وفاة الرسول ﷺ ومن ذلك ما كان في خلافة أبي بكر الصديق.

## في خلافة أبي بكر:

ففي خلافَة «أبيِ بكر الصديق» قحطَ الناسُ إذ أصابهمُ الجوعُ الشديدُ فلم يجدُوا مايأكلونَه، فقال لهمْ «أبو بكر»:

– «إن شاءَ اللَّه لا تُمْسُون غداً، حتى يأتيَكُم فرجُ اللَّه».

الصديقُ أولُ خليفة للمسلمينَ بعدَ الرسُول ﷺ يخبرُهُم بنفسِ المؤمنِ الواثقةِ بالفرجِ من ربِّها، حتى يكونَ فرجُ اللَّهِ قد حلَّ عليهمْ.

وجاءَ صباحُ اليوم التالي، وكانَ اللَّه قد شاءَ أن تنتَهي هذه الأزمَة، فلقد قَدِمَتْ علَى المسلمينَ قافلةٌ لعثمان محمّلةٌ بالخيراتِ الكافيةِ لسدِّ حاجةِ المسلمينَ والذهابِ بالضيقِ الذي عمَّ بلادَهُم، فما إنَ رآه التجار حتى سألُوه

أن يبيعَهُمْ قافلتهُ حتى يستطيعُوا أن يتاجرُوا ويبيعوا فإِن ما لديهمْ من تجارةٍ قد نفدَ أو كادَ.

استمعَ إِليهمْ «عثمانُ» ثم قال:

- «كم تُربحُوني»

إِنه يسألهمْ عن الربحِ الذي سيعودُ عليهِ إِذا باع هذه التجارةَ لهمْ، قالوا:

-«العشرةَ اثني عشرَ».

إِنهم سوفَ يعطونَه في الشيءِ الذي يُباعُ بعشرة اثني عشرَ أي أنهمْ سوفَ يزيدونَ دينارينِ في كلِّ ما يستحقُّ عشرةَ دنانيرَ. فقالَ «عثمانُ»:

- «قد زادَنِي».

إِنهُ يعلمهمْ بأنَ هناكَ مَنْ أعطاهُ سعْراً أفضلَ مما يعرضونَ عليه، وخيَّلَ إِليهم أنه يقولُ ذلكَ كيْ يساومهمْ، حتى يزيدوا في السعرِ، فقالوا:

- «فالعشرةُ خمسةَ عشرَ».

زادوا ثلاثةَ دنانيرَ، فإِنهمْ سوفَ يشترونَ منه الشيءَ الذي يساوي عشرةَ دنانيرَ بخمسةَ عشرَ ديناراً، فقال «عثمانُ» ثانية:

- «قد زادنِي».

إنه يكررُ بأن هناكَ من سيشتَري منه بسعرٍ أفضلَ، فتعجبَ التجارُ، إنهمْ يعرضونَ عليه أعلىَ الأسعارِ، وهم كلُّ تجارِ المدينة، فقالوا له:

- «مَنِ الذي زادكَ، ونحنُ تجارُ المدينة؟».

إنهمْ يتساءلون في حيرةٍ، فما من تاجرٍ إلاَّ وهوَ حاضرٌ معهم، فَمَنْ ذلك الذي سبقهمْ إلى «عثمانَ» واشترىَ منهُ بسعرٍ يعلُو على السعرِ الذي يريدونَ الشراءَ به، وهو سعرٌ مرتفعُ يكفلُ له الربحَ الكثيرَ، وهمْ لا يجدونَ بضاعةً غيرَ بضاعتهِ كَي يشتروهَا، إنها تجارَة رابحةٌ لدَى الطرفينِ، كذا خُيِّلَ إليهمْ لأنهمْ لم يكونُوا قد استمعُوا إلى إجابَة «عثمانَ» بعدُ، تلكَ الإجابة التي ذكَّرتهم بدرسٍ غالٍ جداً فلقد قال «عثمانُ»:

- «إنه اللّه قد زادَني بكلِّ درهَم عشراً، فهل لديكمْ أنتمَ مزيد؟».

لقدْ تركهم «عثمانُ» مذهولين من جوابه وانصرفَ عنهم وهو يقولُ:

- «اللهمَّ إني وهَبْتُها لفقراءِ المدينةِ بلا ثمنٍ، وبلا حسابٍ».

لقد تركَهُم ومَضَى، تركَ عرضَهُم الذي يرونَهُ سخياً وفيراً، ولجأ إلى ربه معلناً أنهُ لا يريدُ إلا العرضَ الأفضلَ، إنهُ سوفَ يتخلَّى عنِ البضَاعَةِ في مثلِ هذا الوقتِ الذي يشتهي فيه التاجرُ الفرصةَ كيْ يكنزَ البضاعةَ، ويزيدَ من سعرها، يروحُ يحتكرُهَا طمعاً في أعلَى سعرٍ، في هذا التوقيتِ يجيءُ عرضُ «عثمان» رفضَ المال، وتبرعَ بكلِّ بضاعتهِ في سبيلِ اللّهِ من أجلِ إطعامِ

الفقراءِ، إنه الرجلُ الذي جهزَ جيشاً في عهدِ «الرسولِ» ولم يسترد شيئاً مما جهَّزَ به الجيشَ المتجهَ إلى «تبوك»، وهو الرجُل الذي تعودَ على الإنفاقِ في سبيل الله؛ ولذا فقد أعطى بضاعتهُ لأنهُ يعلمُ أن اللّهَ سوفَ يضاعفُ لهُ الجزاءَ، وأنه سيجدهُ مدخراً في صفحةِ أعمالهِ في الآخرةِ، ويا لَه من سعرٍ ربحهُ عثمانُ! ويا لهُ من درسٍ تعلّمهُ تجارُ المدينةِ! وهنيئاً لعثمانَ ما فازَ به لدَى ربِّه من ثوابٍ، وهنيئاً له أجرهُ، وثوابهُ عن كلِّ البطونِ الجائعةِ في المدينةِ التي باتتْ شبعانةً تحمدُ اللّهَ وتدعُو بالخيرِ لعثمانَ.

## «عثمان» ثالثُ الخلفاءِ الراشدِين:

كانَ عثمانُ من المخلصينَ في حياةِ «الرسولِ ﷺ» أثبتتْ كلُّ مواقفهِ ذلكَ؛ لذلكَ اختارهُ الرسُول لكتابةِ الوحي، فكانَ واحداً ممن يملي عليهمْ صلى الله عليه وسلم القرآنَ الكريمَ ليخطُّوهُ، وتلكَ منزلةٌ أخرَى عظيمةٌ نالهَا عثمانُ ولم ينلها إلا كلُّ مخلصٍ أمينٍ، وهناكَ منزلةٌ ثانيةٌ نالهَا «عثمانُ» في حياةِ الرسولِ ﷺ وهي:

أنه كانَ يقفُ ذاتَ يومٍ علَى «جبلِ أحدٍ» مع رسول الله ﷺ هو، وأبُو بكرٍ الصديقُ، وعمرُ بن الخطابِ، فاهتزَّ بهم الجبلُ، فضرب الرسولُ الجبلَ بقدمهِ قائلاً:

«اثبتْ أُحُد. فإنما عليكَ نبيٌّ، وصِدِّيقٌ، وشهيدَانِ».

فاسْتَقرَّ الجبلُ لما سَمِعَ أمرَ الرسُولِ ﷺ، وأمَّا الصديقُ فهوَ أبو بكرٍ وقد نالَ هذه المكانةَ يومَ «الإسراءِ والمعراجِ» حينمَا صدَّقَ الرسولَ في كلِّ ما أخبَرَ بهِ، بقيَ عمرُ بنُ الخطاب رضي اللّه عنه وعثمانُ وهمَا الشَّهيدَان، وهذه بُشْرَى جديدةٌ تضاف إلىَ رصيدِ عثمان من «الجنَّة» و«كتابةِ الوحيِ» و«الكرمِ الشديدِ» و«الحياءِ» و«حبِّ الناسِ له» ثم «الشهادةُ».

## استشهادُ عمرَ بنِ الخطاب:

بعدَ وفاةِ أبي بكرٍ الصديقِ، تولَّى أمورَ المسلمينَ «عمرُ بنُ الخطابِ» فحكمَ بينهمْ كما حكمَ فيهمْ الرسولُ، وأبو بكرٍ، ولكن بعد مضيِّ عشرِ سنين وستةِ أشهرٍ وأربعةِ أيامٍ[١] على ولايتهِ تحققتْ بشرى له «رسولِ اللّه ﷺ» بالشهادة إذ طعنهُ «أبو لؤلؤةَ المجوسيِّ» فاستشهدَ، وأخذَ المسلمونَ يتشاورونَ فيمنْ يتولَّى الحكمَ من بعدهِ، وكانتْ هذه الشورَى أمامَ عمرَ قبلَ أن يموتَ.

وانحصر الصحابةُ الذين يمكنُ أن يتولَّى أحدُهم الخلافةَ بعدَ «عمرَ» في أحدِ الستةِ الذينَ اختارهُم عُمر، وهم: عثمانُ بنُ عفانَ، وطلحةُ بن عبيدالله، والزبيرُ بن العوامِ، وسعدُ بن أبي وقاصٍ، وعبدالرحمنِ بنُ عوفٍ، وعليٌّ بن أبي طالبٍ، واختارَ الصحابةُ عبدالرحمنِ بن عوفٍ ليختارَ أحدهُم،

١- البداية والنهاية لابن كثير ٧/١٤٣.

ذلك لأنَّ «عمرَ بن الخطابِ» لم يوُصِ بالخلافةِ لأحدٍ من بعدهِ ولكنهُ أوصى أن يختارَ المسلمونَ الخليفةَ من بينِ الستةِ المذكورينَ في مدة ثلاثةِ أيامٍ، فلاَ يجيءُ اليومُ الرابعُ إلا وهمْ قد حددُوا الحاكمَ عليهمْ.

## مهمَّةُ «عبدالرحمنِ بن عوفٍ» الخطيرةُ:

وكانَ على الصحابيِّ الجليلِ أن يقومَ بهذهِ المهمةِ الخطيرةِ في المهلةِ التي أوصَى بهَا الخليفةُ الراحلُ، وهي مهمةٌ عظيمةٌ، يعرفُ «عبدالرحمن» أنَّهُ محاسبٌ عنها أمامَ اللَّهِ يومَ القيامةِ، ولقدْ كانَ هو نفسُه أحدَ المرشحينَ للخلافةِ، فاستعفَى، وأبعد نفسهُ، زهداً منهُ وخوفاً من حسابِ اللَّهِ، وكذلكَ فعلَ «سعد بن مالكٍ» المعروفُ بـ«سعدِ بن أبي وقاصٍ» وكذلكَ استعفَى «الزبيرُ» عنهَا لـ«عليٍّ» وكانَ سادسَ هؤلاءِ المرشحينَ «طلحةُ بن عبيداللَّه» وقد كانَ غائباً عن المدينةِ في ذلكَ الوقتِ. كانَ هؤلاءِ الستةُ هم المرشحينَ لتولِّي الخلافةَ طبقاً لثناءِ الرسولِ عليهم قبلَ موتهِ بأيامٍ قليلةٍ.

ولقد انحسَرَ الاختيارُ بينَ «عثمانَ بن عفانَ» و«عليِّ بنِ أبي طالب» وكان عَلَى «عبدالرحمنِ بن عوفٍ» أن يختَارَ أحدهُما، فنهضَ رضيَ اللّه عنهُ لأداءِ هذهِ المهمةِ العظيمةِ، فأخذَ يستشيرُ الناسَ، ويجمعُ رأيَ المسلمينَ قادتهم وعامتهمْ، وكان ينفردُ ببعضهم فيتحدثُ معهُ، ويقابلهُم اثنينِ اثنينِ، يقومُ بتلكَ المهمةِ سِراً وعلانيةً، حتَّى لقد وصَلَ رضيَ اللّه عنهُ إلى النساءِ

المحجبات في البيوتِ، وسألَ الأولادَ الصغارَ الذينَ يتعلمونَ في الكتاتيبِ، ولم ينسَ أولئكَ الذينَ يزورونَ المدينةَ، فخرجَ إليهم قبْل أن يغادروهَا فسألهُم، وحرصَ على الاستماعِ إلى أجابتهِم.

كانَ «عبدالرحمنِ» يستحضرُ في ذهنه الأمانةَ، وموقفهُ أمامَ اللَّهِ، وسؤالهُ لذلكَ كانَ شديدَ الحرصِ ولم يكتفِ بكلِّ ذلكَ بل استدعَى عثمان وعلياً فجاءَا إليهِ ثُمَّ قال لهما:

- «إني سألتُ الناسَ عنكمَا، فلمْ أجدْ أحَداً يعدلُ بكمَا أحداً».

ثمُّ بحكمةِ القائدِ التي طَالما تعلمهَا «عبدُالرحمن» من «الرسُول» أخَذَ على كليهمَا العهدَ، فعاهدَ عثمانَ إن ولاهُ حكمَ المسلمينَ أنْ يحكمَ بينهمْ بالعدلِ، وعاهدَ «علياً» كذلكَ، وعاهدهمَا إنْ وليَ أحدُهَما أنْ يطيعَ لهُ الآخرُ.

## «عبدالرحمنِ» ينهِي المهمةَ:

ارتدى «عبدالرحمنِ» عمامةً على رأسهِ كان الرسولُ قد ألبسهُ إياهَا قبلَ وفاتهِ، وكذلكَ أحضرَ سيفاً علامةً علَى الحزمِ والدقة في الاختيارِ، وأرسلَ إلَى «وجُوه» -أشهرِ- الناسِ من المهاجرينَ والأنصارِ، ونُوديَ في جميعِ الناسِ بالمدينةِ المنورةِ:

- «الصلاةُ جامعةٌ».

وكذلكَ كانَ فعلُ الصحابةِ كلما كانوا أمامَ أمرٍ خطيرٍ، يختارونَ المكانَ الأمثلَ لاتخاذِ قرارٍ يتوقفُ عليهِ مصيرُ جميعِ المسلمينِ، وهلْ هُنَاكَ أفضلُ من مسجدِ رسولِ اللَّهِ؟

ازدحمَ الناسُ وامتلأَ بهمْ المسجدُ، حتى لم يبقَ لـ« عثمانَ » مكانٌ يجلسُ فيهِ إلا في آخرِ الناسِ، وقد كانَ بطبعهِ رجُلاً شديدَ الحياءِ، ثم صعدَ « عبدالرحمَن » المنبرَ، وكلُّ مسلمٍ إليهِ منتبهٌ، مستمعٌ قد حبسَ أنفاسهُ، ينتظرُ قراره كي يعرفَ الخليفةَ الجديدَ، وجميعُ الأنظارِ ترقبهُ، فدَعَا « عبدالرحمنِ » ربهُ كثيراً ثمَّ قالَ:

- « أيها الناسُ، إنِّي قدْ سألتُكم سراً وجهْراً، فلم أجدكم تعدلونَ بعليٍّ وعثمانَ أحداً، فقم إليَّ يا عليُّ، فقامَ إليهِ، وأخذ عبدالرحمنِ بيدهِ وسألهُ:

- هل أنتَ مبايعي علَى كتابِ اللّهِ وسُنَّةِ رسولهِ، وفعلِ أبي بكرٍ وعمرَ؟ ».

فأجابهُ « عليٌّ »:

- « على كتابِ اللَّهِ وسنةِ رسولهِ واجتهادِ رأيي ».

وكذلكَ طلبَ « عبدالرحمنَ » من عثمانَ فأجابهُ:

- « اللهمَّ نعَم ».

فرفعَ «عبدالرحمنِ» رأسهُ إلى سقفِ المسجدِ ويده في يدِ عثمان وقالَ:

- «اللهُم اسمعْ واشهدْ .. اللهمْ إنِّي جعلتُ ما في رقبتي من ذلكَ في رقبةِ عثمانَ»

لقدْ ولى «عبدالرحمنِ» الذي كلَّفهُ المسلمونَ باختيارِ الخليفةِ لقد اختارَ لتلكَ المهمةِ عثمانَ بن عفانَ.

## مُبَايعةُ «عليٍّ»:

كانتْ أولُ يدٍ شدتْ علَى يدِ عثمانَ مبايعةً لهُ بالخلافةِ هيَ يدُ «عليِّ بنِ أبي طالبِ» وكيفَ لا يفعلُ ذلكَ، ونحنُ أمامَ مسلمينَ من خيرةِ الصحابةِ رضوانُ اللَّه عليهِم، وكيفَ لا يفعلُ عليٌّ ذلكَ؟ وهوَ الذي بشَّرهُ اللَّه بالجنةِ وقالَ عن نفسهِ، وعن عثمانَ أنهمَا منَ المقصودينَ بقولهِ تعالى:

- ﴿وَنَزَعْنَا مَا فِي صُدُورِهِم مِّنْ غِلٍّ إِخْوَانًا عَلَىٰ سُرُرٍ مُّتَقَابِلِينَ﴾.

وبايعَ «عليٌّ» أخاهُ فِي الإِسلامِ عثمان واجتمعَ الناسُ يبايعونهُ.

# الفصلُ التاسعُ
# عثمانُ الخليفةُ

## موقفٌ عظيمٌ:

وقفَ عثمانُ يتلقَّى البيعةَ منَ الناسِ مستشعِراً عظمَ المسؤوليَّةِ التي أصبحَ عليهِ أن يتحملهَا، فهُو منذُ هذه اللحظةِ المسؤول عَن أمورِ المسلمينَ كبيرِهَا، وصغيرِهَا، ما كانَ متصلاً بأحوالهم الداخليةِ، ومَا كاَن متَّصِلاً بعلاقاتهمْ الخارجيةِ، وهو رجلٌ عظيمُ الحياءِ، دائمُ الخوفِ من اللهِ، حريصٌ علَى طاعتهِ فيما هو مسؤولٌ عنهُ، وأيُّ مسؤوليةٍ هذه التي صارَ منذُ اليومِ مكلَّفاً بهَا؟

كانَ عثمانُ قد جاوَز السبعينَ عَاماً، ويعرفُ قيمةَ المسؤولية، وقد عاشَ حياةً طويلةً كثيرةَ التجاربِ، ووقفَ الصحابيُ الجليلُ يتلقَّى البيعةَ ثم اتجهَ إلى المنبرِ ليخطبَ في المسلمينَ كعادةِ كلِ خليفةٍ جديدٍ يتولَّى حكمهُم يخطبُ فيهم كي يوضِّحَ لهم منهَجَهُ في الحكمِ، توجَّهَ عثمانُ وعلى محياهُ شيءٌ من حزنٍ لعلهُ راجعٌ إلى عظيمِ خوفهِ من اللَّهِ، وصعدَ درجاتِ المنبرِ وانتظرَ المسلمونَ أن يستمعُوا إلى خطبةٍ بليغةٍ كَمَا تعودوا منه، وكَمَا حكَى عنهُ أحدُ الصحابةِ فقال:

– «ما رأيتُ أحداً، كانَ إذا حَدَّث أتمَّ حدِيثاً ولا أحسنَ من عثمانَ، إلاَّ أنهُ كانَ رجلاً يهابُ الحديثَ». وذلك لعظيم حيائه رضي الله عنه.

في هذا الموقفِ العظيم، وعثمانُ الخليفةُ فوقَ المنبرِ، والناسُ كلهمُ منتبهونَ إليهِ، جاءت كلماتهُ قليلة، فاكتفَى بأنْ حذرَ الناسَ من الدنيا وغرُورها، ورغَّبهُم في الآخرةِ ونعيمِهَا، وقالَ لهُم إنهُم في حاجةٍ إلى خليفةٍ يعملُ فيهم بحُكمِ اللّهِ أكثرَ من حاجتهمِ إلَى خليفةٍ يكثرُ من الكلامِ.

## حُكْمُ عثمان:

وبدأتْ صفحةٌ جديدةٌ من صفحاتِ جهادِ عثمانَ في سبيلِ رضَا ربهِ عنهُ، فكانَ وهُو الخليفةُ رجلاً غنيًّا لديهِ من المالِ الخاصِّ الكثيرُ، ولكنهُ ظلَّ كعادتهِ ينفقُ هَذا المالَ علَى الفقراءِ والمساكينِ، فصارَ يطعمُ الناسَ الطعامَ المخصصَ للإمارةِ، ويأكلُ هو الخلَّ والزيتَ، وزادَ على ذلك بأن صارَ متقشفاً، لا ينفقُ على نفسهِ كما كانَ من قبلُ، ولعلهُ أرادَ أن يحيَا حيَاةَ الفقراءِ من المسلمينَ، كي يكونوا أمامَ عينيهِ دائماً فلا ينساهُم أبداً.

ويقفُ عثمانُ بعدَ ذلك خطيباً في الناسِ وعليه ثوبٌ قيمتهُ «أربعةُ دراهِم أو خمسةٌ» فقط، وهو الذي كان يتصدقُ بالآلافِ وما زالَ، ولكنهَا نفسه المؤمنةُ تخرجُ من جميعِ متعِ الحياةِ الدنيا في سبيلِ رضا اللّهِ عنهَا، وإعداداً لثوابِ الآخرةِ. وهو خيرٌ وأبقَى.

## - عودةُ المرتدينَ عنِ الإسلامِ:

بينمَا انتشرَ العدلُ داخلَ البلادِ الإسلاميةِ، وانتشرَ الأمانُ بحكمِ عثمانَ وعلى نفسِ دربِ الرسولِ ﷺ، ونفسِ هَدْيِ الخليفتينِ السابقينَ لَه، فاغتاظَ بعضُ «الفرسِ والرومِ» الذينَ كانُوا يحكمونَ الشعوبَ بالظلمِ والقهرِ قبلَ أنْ يعمَّ البلادَ نورُ الإسلامِ في عهدِ «أبي بكرٍ» و«عمرَ»، وسوَّلت لهم نفوسُهم المريضةُ أن الفرصة قد سنحتْ لهم، فأشاعُوا بين أتباعهم أن الخليفةَ القويَّ «عمرَ» قد ماتَ، وأن باستطاعتهِم اليومَ الثورةَ والخروجَ عن حكمِ الإسلامِ، ولذلك قامت الفتنُ في مناطق مختلفةٍ من الدولة الإسلاميةِ قامت في «أذربيجانَ» و«أرمينيةَ» وهجمَ الرومُ بأسطولهم البحريِّ على «الإسكندرية» و«فلسطينَ» وخُيِّلَ لهؤلاءِ الظالمينَ أن الخليفةَ الجديدَ سوفَ ينشغلُ بكثرةَ المرتدينَ فلنْ يحسنَ التصرفَ معهُم.

لم تكنِ الشعوبُ من أبناءِ تلك المناطقِ هم الثوارُ، وإنما كانَ هؤلاءِ بعض الظلمةِ الذين يريدونَ الاستيلاءَ على الحكمِ بالقوةِ كمَا كانوا من قبلِ، هؤلاءِ لم يتعلمُوا شيئاً، من فتحِ المسلمين لبلادهمِ، هؤُلاء لم يتعرفُوا على الحقيقة بعدُ، من أن شمسَ الإسلامِ التي تشرقُ على مكان صَعب أن تغربَ عنه، لأنهَا شمسُ الخيرِ، والهدَى، والرشادِ، واغترَّ هؤلاءِ بكونِ الخليفةِ الجديدِ، عثمانَ قد تجاوزَ السبعينَ من عمرهِ، ولم يعلموا أنَّ الإنسانَ في الإسلامِ لا يقاسُ بعمرهِ، ولكن بمقدارِ ما سكنَ في قلبهِ من عظيمِ إيمانٍ وإسلامٍ.

وكما فعلَ «أبوبكرٍ الصديق» حينما تولى الخلافَةَ بعد وفاةِ الرسولِ وكثرَ في عهدِهِ المرتدون، فعلَ مثله عثمان لم يتمهلْ، ولم ينتظِرْ، وإنما اتخذَ على الفورِ القرارَ، اتخذَ الموقفَ اللازمَ لإعادةِ هؤلاءِ جميعاً إلى الإسلامِ، هذا الموقفُ لم يكن - على عظم عددهم - إلا حربَهُم جميعاً.

## ٢- إعلان الحرب على المرتدين:

كانَ الخليفةُ عثمانُ الشديدُ الإيمانِ موفقاً في قراراتهِ، ذلك لأنَّ اللَّهَ كانَ دائماً معهُ، بلْ إن هُناك أموراً كانَ «عمرُ بنُ الخطابِ» الخليفةُ السابقُ يستعظِمُها ويتمهلُ قبلَ أن يفعلهَا، كانَ عثمان يُقدمُ عليهَا، وذلكَ مثل إنزالِ جيوشِ المسلمين عبرَ سفنٍ بحريةٍ تسيرُ في البحرِ، قرر عثمانُ هذا الأمرَ وأقدمَ عليه، فليسَ أمامهُ مفرٌّ من هذا الأمرِ، واللَّه ناصرهُ، بذلك قررَ، وبدأَ فأرسلَ جيشاً لتأديبِ المرتدين في «أذربيجانَ» و«أرمينيةَ» اللتين خالفتَا العهدَ السابقَ معَ المسلمينَ، وأمرَ عثمان رضي الله عنه «الوليدَ بن عقبة» بالسيرِ إليهمَا وتأديبهمَا، وبالفعلِ سارَ إليهم معَ جيشٍ من المسلمِين فأدَّبهُم، وجددَ معهُم «العهدَ».

## وثورةُ الرومِ:

وبينمَا كانَ «الوليدُ بنُ عقبةَ» عائداً بجيشهِ، وصلَت إليهم الأخبارُ بأنَّ «الرومَ» المهزومين يستعدُون للاعتداءِ على «الشامِ»، وجاءهُ أمرُ الخليفةِ

عثمانَ بأن يجهِّزَ. عشرة آلافِ مقاتلٍ لحربِ الرومِ، والدفاعِ عن حدُودِ الدولةِ الإِسلاميةِ، ووضعَ الخليفةُ لإِكمالِ هذا الجيشِ شرطاً غريباً إِذ إِنه اشترطَ أن يقودَ هذا الجيشَ رجلٌ «أمينٌ كريمٌ شجاعٌ»، إِنه عثمانُ الخليفةُ الكريمُ يشترط الكرمَ فيمَنْ يختارهُ، لماذا؟ لكي يستطيعَ أن يُنْعِمَ على الجيشِ ويجزلَ لَه العطاءَ، إِنهُ عثمانُ الكريمُ، لا يتوقفُ كرمهُ عندَ ما تجودُ به يداهُ، ولكنهُ يختارُ الذين يقودُون جيوشهُ بحيثُ يتمتعونَ بالكرمِ. وكان هذا الرجلُ الكريمُ السخيُ هو «حبيبُ بنُ مسلمةَ الفهريّ»، والتقىَ الجيشُ المسلمُ بجيشِ الرومِ، وأنعمَ اللّهُ بنصرهِ على المسلمين، فلَم يتوقفْ القائدُ «حبيبٌ» أمامَ هزيمةِ الرومِ، بل راحَ ينفِّذُ أوامرَ الخليفةِ بالإِغارةِ على داخلِ بلادِ «الرومِ» بغرضِ تأديبهم، وعدمِ الاكتفاءِ بصدِّ هجومهم فقط، وهكَذَا كانَ هجومهُم على حدودِ الدولةِ الإِسلاميةِ هزيمةً لهُم، وفتحاً لبَاب الخلاصِ أمامَ الجماهيرِ المستعبدةِ في بلادهم التي لم يكن الإِسلامُ قد دخلهَا من قبلُ، ودخلَها في عهدِ الخليفةِ عثمانَ.

## الرومُ يهاجمونَ الإسكندريةَ:

لكنَّ «الرومَ» لم يتعلموا من الدرسِ الشديدِ الذي لاقوهُ في «الشامِ» إِذ إِنهُم سرعانَ ما أغارُوا على «الإِسكندريةِ» وهجمَ أسطولُهم الحربيُّ عليهَا، فأرسلَ عثمانُ أوامرَ إِلى «عمرو بنِ العاصِ» حاكمِ مصرَ بتأديبِ المعتدينَ، وهناكَ أذاقهُم الويلاتِ، واستطاعَ هزيمتهم وأنزلَ اللّه نصرهُ عليهم.

وكذلكَ كانت مقاطعةُ «الريّ» وهيَ طهرانُ بإيرانَ قد ثارت هي الأخرَى فأرسلَ إليهَا عثمانُ جيشاً بقيادةِ «أبي مُوسى الأشعريِّ» فأعادهُم إلى ما كانُوا عليه من اتفاقيةٍ معَ المسلمينَ.

## استكمالُ فتحِ إفريقيَّةَ

وكانَ رأيُ الخليفةِ السابقِ «عمرَ بنِ الخطابِ» أن إفريقيةَ – تونس اليوم– مغدورٌ بهَا، فهيَ بلادٌ كانت عبارةً عن أرضٍ غير ممهدةٍ خضعت لسنواتٍ طويلةٍ لغدرِ الرومِ وحكمهم الظالمِ لذلكَ رأى ألا يخاطرَ أحدٌ من المسلمينَ في عهدهِ بفتحهَا، ولكن عثمانَ تروّى[1] واستشارَ كبارَ الصحابةِ وقررَ استكمالَ فتح إفريقيةَ، وأرسلَ لذلكَ جيشاً كبيراً بقيادةِ «عبداللَّه بنِ سعدِ ابنِ أبي السرحِ» وحاربَ جيشُه الرومَ الذينَ اجتمعوا لملاقاتهِ في مائتي ألف مقاتلٍ وهزمهُم وعادَ الجيشُ الإسلاميُّ بعددٍ لا يعدُّ من الأسرَى ومن الغنائمِ ومن الأموالِ.

**بشارةُ الرسولِ ﷺ:**

نامَ الرسولُ ﷺ ذاتَ يومٍ في دارِ «عبادةَ بنِ الصامتِ» ونهضَ من نومهِ وهوَ يضحكُ، فسألتْه «أم حرَام بنتُ ملحان» ممَّ تضحكُ؟ فقال الرسولُ:

---

١– تروّى: نظر في الأمر وتفكر.

- «ناسٌ من أمتي عُرِضُوا عليَّ يركبونَ ثَبَجَ هذا البحرِ مثلَ الملوكِ علَى الأسرَّةِ».

فقالتْ «أم حِرَام»: «ادعُ اللَّهَ أن يجعلني منهمُ».

فقالَ لَها الرسولُ الرسول ﷺ:

- «أنتِ منهُم».

وفي عهدِ عثمانَ تحققتْ بشارةِ الرسولِ إذ إنَّ «عثمانَ» رأَى أنَّ الأسطولَ البحريَّ للرومِ يتخذُ من جزيرةِ «قبرص» مكاناً ينطلقُ منهُ ويعتدي على المسلمينَ، ولأنَّ الهجومَ هو أفضلُ وسيلةٍ للدفاعِ، لذلكَ قررَ أن يغزوَ الجزيرَةَ. وتدارسَ الأمرَ مع كبارِ الصحابةِ، ومع مستشاريه، ثم وصلَ إلىَ القرارِ.

ولأوَّلِ مرةٍ في تاريخِ الدولةِ الإسلاميةِ تولدُ «البحريةُ الإسلاميةُ»، وأذنَ الخليفةُ لـ«معاويةَ بنِ أبيِ سفيانَ» بغزوِ «قبرص» فأبحرَ إليها من الشَّامِ، وأمدهُ الخليفةُ بجيشٍ آخرَ بقيادةِ «عبداللَّهِ بن سعدِ بنِ أبي السرحِ»، وأطبقتْ قواتُ المسلمينَ على الجزيرةِ فاستسلمتْ، ووقَّعَ أهلهُا «الصلحَ» الذي أملَى شروطهُ «المسلمونَ».

وتحققتْ بشارَةُ رسولِ اللَّهِ، وشهدتْ «أم حرَام بنتُ ملحانَ» زوجُ «عُبادَةَ بنِ الصامتِ» الحربَ، وماتتْ بعد معركةِ «قبرص» ودفنتْ هناكَ، وسُمِيَ قبرهَا بقبرِ المرأةِ الصالحةِ وما زال معروفاً بهذا الاسم.

## وغزوةُ ذاتِ الصواري:

لم يقتنع «قسطنطينُ» امبراطورُ الرومِ بما لقيتهُ جيوشهُ من هزائمَ على يدِ المسلمينَ، فجمعَ لهم جيوشاً لم يحشدهَا من قبلُ لكثرةِ عددهَا وسلاحهَا، وخرجَ بقواتهِ محملةً على خمسمائةِ سفينةٍ هاجماً على بلادِ المغربِ ليقابلَ جيشَ المسلمينَ بقيادةِ «عبداللَّهِ بنِ سعدِ بنِ أبي السرحِ» فانتصر الجيشُ الإسلاميُ عليهمْ بعدَ معركةٍ رهيبةٍ ثبتت دعائمَ الإسلامِ في تلكَ المنطقةِ.

وصارَ عُمْرُ عثمانَ سبعاً وسبعينَ سنةً، ورايتهُ منتصرةٌ في كلِ مكانٍ وهو قائمٌ في المدينةِ المنورةِ يتابعُ فتحَ اللَّه عليه، ويتابعُ البناءَ الداخليَّ الذي يقومُ به، فيوسعُ مسجدَ الرسولِ ﷺ، ويزيدُ في البنايةِ والعمارةِ بما يناسبُ اتساعَ الدولةِ الإسلاميةِ، على أن كلَّ هذه الأعمالِ العظيمةِ ما كانت لتصلَ إلى عظمةِ هذا العملِ الذي أقدمَ عليه عثمانُ ألا وهو جمع القرآن ونسخه.

## جمعُ القرآنِ الكريمِ ونسخه:

كانت آياتُ القرآنِ الكريم تتنزلُ على الرسولِ ﷺ متفرقاتٍ، وكانَ جبريلُ يراجعُهَا معهُ، ويأمرهُ أن يضعَ بعضهَا في سورٍ معينةٍ، والأخرى في سورٍ ثانيةٍ، وفي عهدِ الخليفةِ الأول «أبي بكرٍ» قررَ بمشورةٍ من «عمرَ بنِ الخطابِ» جمعَ القرآنِ الكريمِ من صدورِ الصحابةِ، أو من ألواحِ الكتابةِ في مصحفٍ واحدٍ مرتبِ السورِ والآياتِ، معروفةٍ بدايتهُ ونهايتهُ، واحتفظَ بهذا

المصحفِ «أبو بكرٍ» ثم انتقلَ من بعده إلى «عُمَرَ». وخلالَ فترةِ حكمِ عثمانَ بلغت الفتوحاتُ الإسلاميةِ بلاداً كثيرةً، حيث أتمَّ اللَّهُ الفتحَ ووصلَ المسلمونَ إلى آفاقٍ واسعةٍ وعمَّ نصرُ اللهِ، ومعَ هذا الفتحِ كانَ الإسلامُ يستقبلُ شعوباً مختلفةَ اللغاتِ، وخافَ الصحابةُ على «القرآنِ الكريمِ» من اختلافِ اللغاتِ؛ لذا قرَّرَ عثمانُ أن يجمعَ القرآنَ على لغةٍ واحدةٍ، هي لغةُ قريشٍ وكلَّفَ بهذه المهمةِ مجموعةً من الصحابةِ المشهودِ لهم بالعلمِ وحسنِ العملِ وكانَ منهم «زيدُ بنُ ثابتٍ» أولُ مَنْ قامَ بجمعِ القرآنِ، ثم قررَ الخليفةُ أن ينسخَ المصحفَ ويرسلَ به إلى عددٍ من الأقاليمِ، وهكذا قضَى «عثمانُ» بحكمتهِ على اختلافٍ كادَ أن يظهرَ حولَ القرآنِ الكريمِ، وكانَ جمعُ المصحفِ من أعظمِ أعمالهِ، إن لمْ يكنْ أعظمهَا على الإطلاقِ.

# الفصل العاشر
# وفاة «عثمان»

## كيدُ الحاقدينَ:

كانت الانتصاراتُ العظيمةُ التي تحققت في عهدِ عثمانَ ونصرُ اللَّهِ الإسلامَ والمسلمينَ سبباً في حقدِ الكثيرينَ على الخليفةِ، وراحَ هؤلاءِ الحاقدونَ يدعونَ ويخترعونَ أسباباً يبررونَ بها موقفهُم المخجلَ هذا، فمرةً يدَّعونَ أنَّ عثمانَ إنما يوليِّ أهلَهُ وأقاربَهُ المناصبَ الكبرَى متناسينَ أنَّ هؤلاءِ الولاةُ قد تحققَ على أيديهِم الكثيرَ من الانتصاراتِ، وسارتِ الجيوشُ الإسلاميةُ تحتَ إمرتهم وقيادتهم لقمعِ المتمردينَ وتحطيمِ جيوشِ « بيزنطةَ » و« فارسَ »، وأكملت فتوحاتها ورفعَتْ راياتِ الإسلامِ إلى الأبدِ في تلكَ المناطقِ البعيدةِ.

ولم يكنْ واحدٌ من هؤلاءِ الولاة مُداناً بذنبٍ فَعَلهُ، لكنَّ بعضَ المخالفين الثائرين أصروا على رأيهم بعزلِ الولاةِ واجتمعوا في المدينةِ، وحاصروا دارَ الخليفةِ، مهددينَ بقتْله إن لم يفعل ما يريدونَ.

واختارَ عثمانُ بعضاً من كبارِ الصحابةِ هُم: عبدُاللَّه بن عمر، وعمارُ بنُ ياسر، وأسامةُ بن زيد؛ لمتابعةِ أعمالِ الولاةِ، وكانت آراؤُهم جميعاً تُفيدُ أنَّ الولاةَ يسيرونَ سيراً صحيحاً لا يخالفونَ أوامرَ اللَّهِ.

كانَ هؤلاءِ الثائرونَ ينظرونَ بعينِ الحسدِ إلى أبوابِ الرزقِ التي فتحهَا اللَّهُ على بعضِ الصحابةِ مع اتساعِ الدولةِ الإسلاميةِ، وراحوا وقد أعماهُم الحقدُ يدَّعونَ الأسبابَ، ويحاولونَ اجتذابَ بعضِ كبارِ الصحابةَ، فمَا كانَ من «عبداللَّه بنِ مسعود» حينما ذهبوا يعرضونَ عليهِ هذا الأمرَ إلا أن قالَ:

- «أمَا إنكمْ إن قتلْتمُوهُ، لنْ تُصيبوا مثلهُ».

وكذلكَ قالَ عنهُ «أبوُ ذَر الغفاريّ»:

- «واللَّه لوْ أنَّ عثمانَ صلَبني علَى أطْولِ خشبةٍ، أو أمرَّ على أطولِ جبلٍ، لسمعتُ وأطعتُ وصبرتُ واحتسبتُ، ورأيتُ ذلكَ خيراً لي».

وها هو أبو ذر لا يتركُ لأحدٍ فرصةً كي يستغلَّ خلافاً للرأيِ وقعَ بينهُ وبينَ عثمانَ وقد أبعدَهُ عثمانُ عن المدينةِ المنورةِ إلى مكانٍ يدعى «الربْذَةَ».

## حكمة «عثمان»:

كانَ عددُ هؤلاءِ البغاةِ يتزايدُ، والحقدُ يتزايدُ داخلَ قلوبهمْ يوماً بعدَ يومٍ .. وقد رفضَ عثمانُ الحلَّ الذي أشار به «المغيرةُ بن شعبة» عندما قالَ لهُ:

«نَقْتلُ البغاةَ» فقال عثمانُ في حزمٍ:

- «لا واللَّهِ. لا أكونَ أولَ مَنْ يَخْلُفُ الرسولَ في أمتهِ بسفكِ الدماءِ».

إنهُ يرفضُ أن يقتلَ البغاةَ، ويسفكَ الدماءَ، يرفضُ أن يتعرضَ للذينَ اجتمعوا لقتلهِ.

ويحاصرُ البغاةُ دارهُ، شاهرينَ سيوفَهُم استعداداً لقتلهِ وهو يرفُض قتالهمْ قائلاً كلمتهُ الخالدةَ:

- «ما أحبُّ أن ألقَى اللَّهَ وفي عنقِي قطرةُ دمٍ لأمرئٍ مُسلمٍ».

لا يريدُ عثمانُ أنْ يكونَ سبباً في قتلِ واحدٍ منهمْ، أو إسالةِ قطرةِ دمٍ من مسلمٍ، حتَّى ولو كانَ ذلكَ الذي يدعِي الإسلامَ، خارجاً عن الدينِ، لا يريدُ إلا فعلَ الشرِّ، والقضاءَ على عثْمانَ!!

وتأتي الفرصةُ لعثمانَ حتَّى يخرجَ من دارهِ، وينجُو من القتَلَةِ فيرفضُ؛ لأنهُ يعلمُ أنهُ علَى موعدٍ في الجنةِ معَ الرسُولِ وأبي بكرٍ وعمرَ وهلْ ينسَى بشارةَ الرسولِ حينمَا أمرَ جبلَ أحدٍ ألا يهتزَّ لأنَّ عليهِ نبياً وصدِّيقاً وشهيدين، ولقد سبقهُ إلى الشهادةِ «عمرُ بن الخطابِ» أفَيتأخَّرُ هوَ؟.

## «عثمانُ» يتأكدُ من صحةِ موقفهِ:

كانَ عثمانُ يعرفُ أنهُ علَى الحقِّ ولكنهُ أرادَ أن يستوثقَ، فأرسلَ إلىَ رجلٍ من خيارِ الصحابةِ إلىَ «عبدِاللَّه بنِ عمر بن الخطابِ» فقال له:

- «إن هؤلاء يريدونَ خلْعِي، فإنْ أجبتُهمْ تركُونِي، وإن أبيْتُ قتلُونِي. فماذا ترىَ؟».

أجابَ ابنُ عمرَ:

- «أرأيتَ إِنْ خلَعْتَ نَفسَكَ، تبقَى في الدنيَا مخلَّداً؟».

قالَ عثمانُ:

- «لاَ».

قال «ابنُ عمرَ»:

- «أرأيتَ إِنْ لَمْ تخلعْ نفسَكَ. هلْ يزيدونَ على قتلكَ شيْئاً؟ هلْ يملكونَ الجنةَ والنارَ»؟ قالَ عثمانُ:

- «لاَ».

قالَ «ابنُ عمرَ»:

- «إِذنْ. لا تَسُنَّ هذه السُّنةَ في الإِسلام، ولا تخلعْ قميصاً ألْبسَكَهُ اللَّهُ».

يستشيرُ عثمانُ «ابنَ عمرَ» هل يتركُ الخلافَةَ لهؤلاءِ الثوارِ كي لايقتلوهُ ويطلبُ منه رأيهَ، فيجيبهُ وهل سيبقَى في الدنيا مخلداً لا يموتُ إِن هو تركَ لهم الخلافةَ، يجيبُ عثمانُ لاَ، فيعاودُ «ابنُ عمرَ» السؤالَ، هل يملكُ هؤلاءِ شيئاً من أمرِ الجنةِ والنارِ، فيجيبُ «عثمانُ» لاَ، فيعلنُ «ابنُ عمرَ» العبدُ التقيُّ عدمَ موافقتهِ على تركِ عثمانَ للخلافةِ. وتأكدَ عثمانُ بذلكَ من صحةِ رأيهِ.

## استشهادُ «عثمانَ»:

وجاءَ اليومُ الأخيرُ في حياةِ صحابي امتلأتْ حياتهُ بالخيرِ، وهناك صفوفٌ عريضةٌ من الثوارِ الخارجينَ على طاعةِ اللَّهِ تحيطُ بدارِ الخليفة تمنعُ عنهُ الزوارَ والطعامَ والشرابَ، وفي الوقت نفسه توجدُ جماعةٌ من الصحابةِ أمامَ البابِ تحميه، وجاءَ الصباحُ، فكان عثمانُ صائماً، في الليلةِ السابقةِ ،قد صلّى كما أرادَ اللَّهُ لهُ أن يصليِّ، وقرأَ من آياتِ القرآنِ الكثيرَ، ثمَّ نامَ فرأى الرسُولَ ﷺ يقول له:

- «أَفطِر عندَنَا غداً يا عثمانُ».

إنهَا رؤيَا الحقِّ، ولا شكَّ أنّ هذه الكلماتِ أفضلُ عند عثمانَ من الدنيَا وما فيهَا، وفعلَ الخليفةُ فعلاً يدلُّ على عظمةٍ لا حدَّ لها إذ دعَا عثمانُ جميعَ الذين في الدارِ، ورجَاهُمْ أن يتركُوا سلاحَهُم وينصَرِفُوا عنهُ مشْكُورينَ، إنهُ لا يريدُ أنْ تراقَ «قطرةُ دمٌ» حتى النهايةِ، وبينمَا هُو يقرأُ قولَه تعالَى:

- ﴿**الَّذينَ قَالَ لَهُمُ النَّاسُ إِنَّ النَّاسَ قَدْ جمَعُوا لَكُمْ فَاخْشَوْهُمْ فَزَادَهُمْ إِيمَانًا وَقَالُوا حَسْبُنَا اللَّهُ وَنِعْمَ الْوَكِيلُ**﴾[١].

وعندما تَقَدَّمَ هؤلاءِ البغاةُ الأشرارُ ليرتكبوا جريمتهُم البشعةَ، لم يتخلَّ عن المصحفِ ولم يقاومْ كي يأخذَ أجرَ الصديقينَ كاملاً عندَ ربهِ.

---

١- خلفاء الرسول-خالد محمد خالد - دار الفكر. والآية: ٧٣ - آل عمران.

نَعَم إِنهَا نِعمَ النهايةُ لحياةٍ حافلةٍ بالجهادِ والعبادةِ، وكانَ الاغتيالُ قد تمَّ في الفترةِ بينَ العصرِ والمغربِ. وتحققَتْ بشارةُ رسولِ اللَّهِ إذ أفطرَ عنده عثمانُ. وانتهتْ بذلكَ حياتهُ، بعد اثني عشرَ عاماً قضاهَا في الخلافةِ.

رحمَهُ اللَّهُ رحمةً واسعةً علَى ما قدمَ من جليلِ الأعمالِ لهذَا الدين وألحقنَا بِهِ علَى خيرٍ.

# الفهـــرس